모두를 위한 대화감수성 수업

일러두기

- 책, 잡지, 신문 제목은 《 》기호로, 논문, 연구문헌, 영화, TV 드라마와 예능 프로그램, 유튜브 채널은 〈 〉기호로 표기했습니다.
- 6부 '대화의 미래, 미래의 대화'는 《대학지성 In & Out》의 '신동일 교수의 〈대화의 미래〉' 칼럼을 바탕으로 집필했습니다.

모두를 위한 대화감수성 수업

신동일 지음

CRETA

차례

프롤로그 — 8

1부 대화가 대화일 때

- 이상한 나라의 앨리스 — 17
- 대화의 네 가지 유형 — 22
- 서로 협력하며 의미를 협상하는 말하기 — 26
- 초급 영어학습자도 대화할 수 있다 — 31
- 대화다운 대화를 하기 위해 필요한 것 — 40
- 그루트와 깐돌이도 할 수 있는 대화 — 45
- 대화의 소멸, 인간성의 상실 — 51

2부 일그러진 대화의 불편한 진실

- 꽁꽁 얼어붙은 냉동식품 대화 — 59
- 규범과 정답이 중요한 대화교육 — 63
- 모더니티의 과잉, 맥도날드화 — 68
- 효율성의 극대화, 맥커뮤니케이션 대화 — 73

- 합리적일 뿐인 멀티미디어 콘텐츠 대화 — 76
- 대화다운 대화가 사라진 말하기시험 — 81
- 디즈니화된 맥도날드 공간, 영어마을 — 86
- 서투른 전략이 실패로, LG전자의 영어공용화 — 90
- 왠지 지루한 전화영어 대화 — 95
- 대화가 사라진 디스토피아 세상 — 99
- 합리성의 환상만 품는 중독자의 심리 — 103

3부 다시 시작하는 대화기술의 습득

- 초급부터 최상급까지, 대화에도 단계가 있다 — 111
- '미운 네 살'을 만드는 대화기술 — 120
- 언어발달을 방해하는 영어유치원 — 127
- 조기영어교육이 간과하는 것 — 132
- 참조물로 대화하기 — 139
- 세 가지만 기억하라, 참조적 의사소통법 — 143
- 말하기시험은 과연 참조적 의사소통일까? — 148
- 참조물이 없다면 대화는 불가능할까? — 156
- 참조적 vs. 비참조적 의사소통 — 162
- 글 문법이 아닌 '말 문법'으로 — 167
- 교과서의 대화에는 말 문법이 등장할까? — 171
- 머리말과 꼬리말조차 인색하고 어색하다 — 176

4부 교실 밖 대화의 기술

- 미국 토크쇼에 나온 BTS 정국, 유쾌한 대화의 표본 — 185
- 매력적인 멀티링구얼 캐릭터, 그들의 대화기술 — 190
- 트랜스링구얼, 경계를 넘나드는 다중언어적 대화자 — 195
- '공간적 전환', 새롭게 의미를 구성하는 방법 — 200
- 트랜스링구얼의 공간자원 활용법 — 204
- 오리고, 붙이고, 편집하는 대화 — 209
- 아상블라주가 대화의 자원이 될 때 — 213
- 대화의 목적은 재현이 아니라 실행이다 — 218
- 대화의 기술은 '배치의 기술' — 224

5부 달라진 대화, 이미 다가온 미래

- 외국인이 등장하는 예능 방송 — 231
- 하나의 언어만 우월한 것은 아니다 〈바벨 250〉 — 235
- 링구아 프랑카 대화의 예시 〈갈릴레오 : 깨어난 우주〉 — 242
- 대화다운 대화, 링구아 프랑카 영어 — 250
- 다문화 사회의 공존법, 링구아 프랑카 대화 — 257
- 다중언어로의 전환, 이미 다가온 미래 — 261
- 바이링구얼과 멀티링구얼에 관한 오해 — 266
- 멀티링구얼로 살아가는 미래의 대화 — 272

6부 대화의 미래, 미래의 대화

- AI가 생성하는 대화는 대화가 아니다 — 279
- AI는 대화교육의 튜터가 될 수 없다 — 284
- 언어시험에 대화는 사라진다 — 288
- 참조물로 대화를 가르친다는 강박에서 벗어나기 — 293
- 대화는 공공재가 된다 — 297
- 대화기술은 자기배려의 기술이다 — 302
- 기업부터 학습 패러다임에서 벗어난다 — 307
- 지속가능한 대화교육을 위하여 — 312
- 다중언어사회 시대, 삶의 자원이 되는 대화 — 317

후기 — 321
주 — 325
색인 — 336

프롤로그

대화다운 대화가 소멸하고 있다. 합리주의, 경제주의, 기술주의로 세상의 질서가 재편되면서 가르치고 배우고 사용하는 대화도 합리적이고, 경제적이고, 기술적인 속성으로 달라졌다. 그리고 인류의 위대한 문화유산이자 누구에게나 삶의 자원이 될 수 있는 대화는 고립과 불통의 원인이면서 결과가 되었다.

이 책을 통해 나는 대화가 우리 삶에서 얼마나 소중한 자원인지 여러 관점에서 설명할 것이다. 대화다운 대화가 무엇인지, 대화교육에 대체 무슨 일이 생겼으며, 대화를 통한 '인간다움'이 어떻게 소멸되고 있는지 살펴보고, 대화의 가치를 복원할 방안도 탐색할 것이다. 서로 저주하거나 홀로 고립된 삶이라면 대화는 정보나 교환하는 기능으로 방치된다. 그러나 대화에 관한 언어감수성, 즉 '대화감수성'이 회복된다면 대립과 불통의 미로에서 벗어날 수 있다. 우리는 지금보다 더욱 나은 언어적 삶을 상상하고 살아갈 수 있다. 지금과는 전혀 다른 대화의 모양을 선택하며 살아갈 때 각자만의 고유한 정체성이 드러나고, 일방적인 관계성을 반성하며, 의미를 수정하고 협상하는 대화문화가 생길 수 있다. 우리가 새롭게 실천하는 대화는 그만한 대화로 구성되는 세상과 변증법적 관계를 맺기 때문이다.

의사소통을 할 수 있는 언어능력은 여러 단면으로 나눌 수 있다. 어휘와 문장 단위의 문법능력grammatical competence도 있고, 대화, 서사, 발표나 토론 등의 맥락에서 다양한 언어자원을 적절하게 선택하고 연결하는 담화능력discoursal competence이나 화용능력pragmatic competence, 혹은 사회언어적능력sociolinguistic competence도 있다. 이 책에서는 일상적이고도 자연스러운 대화, 의미를 함께 협상하는 상호작용적 대화능력을 주목하고자 한다.

대화는 공식적일 수도 있고 비공식적일 수도 있다. 스토리를 전하고, 발표나 토론을 하는 어떤 자리든 대화가 등장할 수 있다. 대화는 우리 삶에서 통용되는 기본적인 의사소통 양식이며 서로가 존중하는 삶을 살아가도록 돕는 자원이기도 하다. 거기에 동원되는 대화의 기술은 다음과 같다. 말 차례를 교환하기, 어떤 어휘에 힘을 주거나 말투를 바꾸면서 상대방의 관심을 유도하거나 전환하기, 상대방 말에 적절하게 반응하고 자신의 말 차례를 기다리지만 않고 겹치게 말하기, 언급된 말에 관해 스스로 혹은 서로가 점검하고 수정하고 다시 확인하기, 멈춤이나 망설임 등의 표지로 화자의 의도를 간접적으로 전달하거나 추론하기, 화제를 시작하고 바꾸고 종결하기. 이와 같은 협력하고 협상하는 대화의 기술은 교실이나 시험장에서만 필요한 것이 아니다. 어디서나 누구에게나 필요한 삶의 기술이다.

대화의 속성을 탐색할 때 내용과 형식이 구분될 수 있다. 대화의 내용은 일상적이고 익숙하기도 하지만 경험하지 못한 낯선 것일 수도 있다. 구체적인 것에서 추상적인 것으로, 개인적인 것에서 사회적인 것으로 나눌 수 있다. 대화의 형식은 화제가 개시되고 유지되고 전환되고 종료되는 절차, 말 차례가 교환되는 방식, 전달한 말의 확인이나 수정, 화자의 의도가 지속적으로 드러나는 목표지향성이나 대화 참여자 간의 상호결속성 등으로 파악될 수 있다. 그렇지만 내용과 형식은 연결되어 있다. 대화의 형식은 내용에 이끌리며, 내용은 형식에 의해 구성된다. 대화의 형식에서 한 편에서만 화제를 개시하거나 종료하고, 다른 편은 제한적인 말 차례나 수정 기회를 가진다면 (즉 서로 협력해서 목표지향적인 대화를 구성하지 않는다면), 대화의 내용도 일방적이거나 편향적일 것이다. 서로가 존중되지 않는 내용이 등장하는 대화라면 상호협력적인 모양의 대화도 보이지 않을 것이다. 이 책에서는 대화의 내용도 다루지만 대화의 형식성에 대해서도 자세하게 설명할 것이다.

서로 존중하고 협력하고 협상하는 언어의 주체가 사라지고 있다면 균형적인 모양의 대화도 소멸되는 것이다. 그런 대화엔

냉담하거나 일방적인 내용만 넘친다. 관행이 된 대화의 모양은 쉽게 변하지 않는다. 지금 사회가 전쟁과 다름이 없다면, 우리의 마음도 전쟁터이며 우리가 만드는 대화도 전쟁의 언어일 뿐이다. 좋은 세상으로 변하면 언어도 그만큼 바뀌겠지만 막연하게 세상만 지켜볼 수 없다.

대화와 담화를 대학에서 가르치는 나로서는 사회적 다수가 언어와 기호에 관한 비판적 감수성, 혹은 대화의 문해력을 높여야 할 때라고 주장한다. 대화, 서사(스토리텔링), 담론(담화), 기호와 의미에 관한 언어감수성을 높이면 그만큼 우리의 언어도 달라지고, 서로를 둘러싼 권력관계가 재고되며, 세상의 질서도 다르게 구성될 수 있기 때문이다.

이런 책이 꼭 필요한 분들이 있을 것이다. 그들이 잘 이해할 수 있도록 복잡하고 낯선 학술 논점을 쉽게 부연했고 일상적인 예시와 미디어 자료를 발굴했다. 대화교육의 관행은 여전히 보편적 개인, 인지 정보를 처리하는 인간의 머리, 듣고 기억하고 말하는 언어 행위, 표준적인 언어형태에 결박되어 있다. 그걸 이 책에서는 맥커뮤니케이션, 비참조적 의사소통, 공간적 자원, 아상블라주 개념 등으로 반박하기도 했는데 그런 비평이 대화교육의 맥락에서 너무 벗어나거나 복잡하게 보이지 않도록 애썼다.

인지언어학, 통합언어학, 생태언어학, 혹은 포스트휴머니즘이나 정동적 전환에 관한 학제적 연구문헌이 폭넓게 참조되어야만 언어발달과 언어사회화, 원어민 대화와 생성형 AI 대화 등에 관한 비판적 감수성이 온전하게 다뤄질 것이다. 이 책에서 그 내용을 모두 정교하게 설명할 순 없었다.

이 책의 구성을 간단하게 소개하면 다음과 같다.

1부 '대화가 대화일 때'에서는 상호협력적이고도 균형적인, 역동적이면서도 의미협상적인 대화의 속성이 다양한 예시와 함께 소개된다.

2부 '일그러진 대화의 불편한 진실'에서는 너무 효율적이라서 비효율적인 맥도날드화 대화가 우리 주위에서 얼마나 빈번하게 소비되는지 논의된다. 그런 대화가 넘칠 때 우리 삶은 누군가로부터 통제되며 대화의 즐거움은 소멸될 수밖에 없다.

3부 '다시 시작하는 대화기술의 습득'에서는 대화의 기술이 회복될 수 있는 여러 방안이 제시된다. 가정이나 유치원과 같은 공간에서 '언어발달' 초급 단계인 아이들조차 온전하게 대화를 나누는 모습이 특별한 영감을 줄 것이다. 참조적 의사소통과 글 문법의 기능이 과도하게 반영된 대화교육의 현장도 소개한다.

4부와 5부 '교실 밖 대화의 기술', '달라진 대화, 이미 다가온 미래'는 대화가 어떻게 달라지고 있는지 살펴본 것이다. 모노링구얼이 아닌 트랜스링구얼, 영미 표준영어가 아닌 링구아 프랑카 영어, 한국어와 기타 언어들이 공존하는 생태적이고도 공간적인 대화 환경을 다룬다. 대화의 자원, 혹은 대화교육이 사회적 인프라가 될 수 있는 공공재로서의 언어교육, 적정(언어)교육, 지속 가능한 언어(교육), 비판적 언어감수성 교육에 대해서도 소개한다.

6부 '대화의 미래, 미래의 대화'에서는 학교 안팎에서 대화기술을 온전하게 복원시키기 위한 여러 실천안이 제시되어 있다. AI가 어떤 대화를 만들고 있는지도 비판적으로 논평한다.

대화(교육)에 관한 무지와 횡포가 창궐해도 우리 중 다수가 아무 일도 없다는 듯이 일그러진 대화에 집착하며 살아가고 있다. 그런 경관은 내게 참으로 안쓰럽고 공포스럽게도 보였다. 이 책을 읽는 독자는 오용되고 있는 대화(교육)에 엄중한 문제의식을 가지면 좋겠다.

저자 신동일

1부

대화가 대화일 때

이상한 나라의 앨리스

　루이스 캐럴Lewis Carrol의 소설 《이상한 나라의 앨리스Alice's Adventures in Wonderland》의 한 장면은 우리가 가르치고 배우고 사용하는 대화의 교육현장이 연상된다. 독수리의 날개를 갖고 머리에 사자의 몸을 한 그리폰과 함께 앨리스가 가짜 거북에게 바다 학교에 관한 이야기를 듣는데 (영어로 적힌 원서를 보면) 말장난이 넘치는 대목이다.
　바다 학교의 교과목 이름은 우리가 학교에서 배우는 수업과 발음만 비슷할 뿐 의미는 우스꽝스럽다. 예를 들면 "Reeling(비틀기)", "Writhing(몸부림치기)" 수업이 있다는데, "Reading(읽기)", "Writing(쓰기)" 교과목을 비슷한 발음으로 비꼰 것이다. "Ambition(야망)", "Distraction(방해)", "Uglification(밉게 하기)",

"Derision(비웃기)" 수업은 모두 "Addition(덧셈)", "Subtraction(뺄셈)", "Multiplication(곱셈)", "Division(나눗셈)"을 비튼 말이다.

> "What was that?" inquired Alice.
> "그게 뭐였는데?" 앨리스가 물었다.
>
> "Reeling and Writhing, of course, to begin with."
> "물론, 비틀기와 몸부림치기로 시작했지."
>
> the Mock Turtle replied; "and then the different branches of Arithmetic… Ambition, Distraction, Uglification, and Derision."
> 가짜 거북이 대답했다. "그리고 조금 다른 산수를 배웠지. 야망, 방해, 밉게 하기, 그리고 비웃기 같은…"
>
> "I never heard of 'Uglification,'" Alice ventured to say.
> "난 '밉게 하기'라는 말은 들어본 적이 없어." 앨리스가 용기를 내어 말했다.
>
> "What is it?"
> "그게 뭐지?"
>
> The Gryphon lifted up both its paws in surprise.
> 그리폰이 놀라서 앞발을 들었다.
>
> "Never heard of uglifying!" it exclaimed.
> "밉게 하기를 들어본 적이 없다고!" 그리폰이 소리쳤다.

가짜 거북의 말장난은 이후로도 계속된다. "History(역사)"는

"Mystery(비밀)"로, "Drawing(그림그리기)"은 "Drawling(점잔 빼기)"으로, "Sketching(스케칭)"은 "Stretching(스트레칭)"으로, "Painting in oils(유화 그리기)"는 "Fainting in coils(선 감고 기절하기)"로 비슷한 발음의 다른 단어들로 바꾼다.[1]

그런 언어유희[pun]가 재밌긴 하지만 마냥 웃을 수만 없다. 말과 글을 배우는 학습자가 읽기[reading]가 아니라 몸을 비틀[reeling] 뿐이고, 쓰기[writing]는커녕 몸부림치기[writhing]로 자리만 지키는 모습을 교실 안팎에서 너무나 자주 봐왔기 때문이다. 가짜 거북이 소개하고 있는 바다 학교처럼 우리도 엉뚱한 걸 붙들고 너무나 진지하고도 지루하게 가르치고 배우는 건 아닐까?

1970년대 미국만 봐도 학교에서의 언어교육은 '비틀기'와 '몸부림치기' 수업일 뿐이었다. 당시 미국은 유네스코[UNESCO]가 주관한 1975년 초등학생 외국어능력 평가에서 전체 참여국 중 꼴찌에서 두 번째였고, 고등학교 졸업반 학생 중 40퍼센트가 이집트의 위치를 세계 지도에서 찾지 못할 때였다. 가짜 거북이 전하는 바다 학교처럼 학생은 지루하게 어휘와 구문을 암기했고 교사도 교재를 통해 지필시험을 준비시킬 뿐이었다. 교실에서 받은 시험 점수와 학교 밖에서 소통할 수 있는 외국어능력의 상관성은 매우 낮았다.

1975년 헬싱키 협정에서 미국 대통령은 서로 다른 언어문화에 이해를 높이자며 외국어학습을 국가별로 장려하자는 약정에

동의했고 그로부터 미국의 외국어교육에 중요한 전환점이 생겨나기 시작했다. 일리노이주 폴 사이먼^{Paul Simon} 하원의원이 외국어교육에 열정적인 리더십을 발휘했다. 그는 헬싱키 협정을 상기시키면서 외국어교육에 국가적인 관심을 이끌었다. 그러면서 국무부와 안전보장위원회도 자국인의 외국어능력과 국제적인 연구활동을 향상시키는 노력을 시도할 수 있었다. 연구와 공청회가 계속되면서 1979년 10월 15일에 드디어 특별위원회가 대통령에게 관련 보고서를 제출했다.

미국 대통령 직속의 외국어 및 국제관계 특별위원회는 외국어로 소통할 수 있는 국가의 역량을 강조하면서 외국어교육과 평가를 연방정부 수준에서 개입할 수 있는 지침서 작업의 필요성을 대통령에게 전했다.

정부와 학계가 지속적으로 협력하면서 국가 수준의 외국어교육 규범을 만들고 그걸 기반으로 평가할 수 있는 프로그램도 개발했다. 그것이 바로 비영리단체인 전미외국어교육협의체^{ACTFL, American Council on the Teaching of Foreign Languages}가 1982년에 발표한 교육과 평가에 관한 실행안이다. 대통령의 서명에서 끝나지 않고 새로운 교육전통이 언어를 가르치고 배우는 현장에서 집행되기 시작했다. 학계에서는 이를 ACTFL이 주도한 '언어 능숙도 운동^{Proficiency Movement}'이라고 부른다. 미국뿐 아니라 전 세계의 외국어교육 현장에 새로운 비전을 제시한 사례로 알려져 있다.

한국은 어떤가? 우리는 아직도 가짜 거북이 놀리는 언어수업을 붙들고 있다. 학생은 수험자의 정체성만 붙들고 말과 글을 공부한다. 진학과 취업을 준비하며 몸을 비틀며 시험문제만 풀고 있다. 학교 다닐 때 영어시험에 만점을 받은 학생도 어디선가 영어회화 공부를 별개로 준비해야 한다. 토익 스피킹시험도 준비해야 한다. 아무리 뭘 많이 공부해도 세상은 그들의 대화능력이 부족하다고 혹평한다. 개인에게도 혹독하고 사회적으로도 낭비인 상황이다. 아직도 '비틀기'와 '몸부림치기' 수업에 불과하다면 새로운 변화를 기획해야 한다.

대화의
네 가지 유형

    대화는 언어발달을 촉진한다. 우리는 옹알이할 때부터 부모와 대화를 나눈다. 어른이 되어서도 학교나 직장 안팎에서, 대면으로나 온라인 매체로, 우리는 대화에 참여하고 대화로 소통한다. 대화는 우리가 세상을 만나고 인격적으로 성장하도록 돕는 핵심 경로이고 자원이다. 우리에게 들리고 보이는 대화는 옆의 그림에서 구분하듯이 네 가지 유형으로 나눌 수 있다.[2]

    대화에 참여하고 의미를 협상하는 목적이 분명하게 드러난다면 그림에서 대화 참여자 A, B 아래쪽으로 향하는 실선이 표시되고, 그렇지 않다면 아래쪽으로 향하는 점선이 표시된다. 또한 대화 참여자끼리 의미가 적극적으로 협상된다면 대각의 실선이 표시되고, 서로의 반응이나 협력이 느슨하다면 대각으로 향하

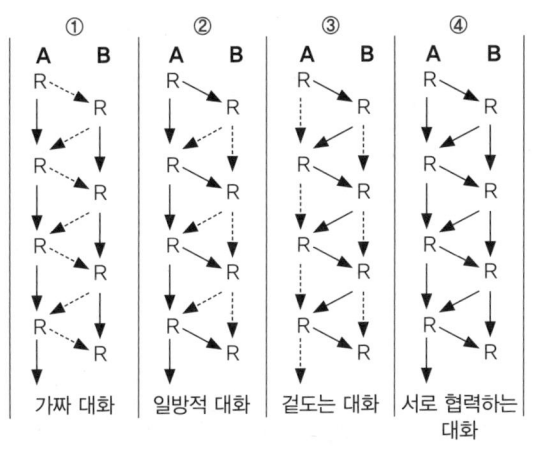

A, B : 대화 참여자, R : 반응, ▶ : 높은 결속력, ┄▶ : 낮은 결속력

대화의 네 가지 유형

는 점선이 표시된다.

  그림에 나타난 첫 번째 유형은 A, B 참여자 모두 대화에 개입하는 목적이 분명하게 드러나지만(아래쪽으로 향하는 실선으로 표시), A와 B 사이의 결속력은 높지 않은(대각으로 향하는 점선으로 표시) 경우다. 각자 사전에 의도하거나 준비한 말만 전념할 뿐 사실상 의미협상은 없는 가짜pseudo 대화인 셈이다. 예를 들면 역할극에서의 대화 상황이라면 각자 말할 것만 달달 외워서 말할 뿐 A와 B는 협력해서 의미를 수정할 필요가 없다.

  두 번째 유형에서는 한 편만 목적을 가지고 대화에 참여할 뿐(A 아래쪽으로만 실선 표시) 다른 편에게는 의도된 목적이 보이지 않는다(B 아래쪽으로는 점선 표시). 서로의 말이 결속된 것 같지만 잘 살펴보면 한 편만 적극적으로 대화에 참여한다. 전형적인 인터뷰식 대화이며[3] 이와 같은 일방적이고 비균형적인asymmetrical 대화는 이 책의 2부에서 자세히 설명할 것이다.

세 번째 유형은 대화자끼리 적극적으로 반응하지만(대각으로 향하는 실선 표시) 대화에 참여하는 구체적인 목적이 분명하지 않는(아래쪽으로 향하는 점선 표시) 겉도는reactive 대화다. 예를 들면 끝말잇기 게임처럼 서로의 말꼬리를 잡는 유희적인 대화가 여기에 해당한다. 앞서 본 《이상한 나라의 앨리스》 대화에서도 가짜 거북은 앨리스가 알고 싶어 하는 것과 상관없이 자신이 하고 싶은 말장난을 건넨다. 앨리스는 바다 학교에 관해 질문하는데, 가짜 거북은 겉도는 대화로 응수한다.

네 번째 유형은 화자들이 각각 대화에 참여하는 목적이 분명하고(모두 아래쪽으로 향하는 실선 표기) 함께 의미를 협상하고 수정하는(대각 방향의 실선 표기) 상호소통적인mutual 대화다. 대화자 간 결속력과 상호작용이 돋보인다. 이와 같은 대화 유형에 참여하면서 협상적인 대화자로 성장하는 건 우리의 언어발달 과정에서 중요한 경험이 될 것이다.

우리는 균형적이고 협력하는 대화를 가정과 학교 안팎에서 온전하게 가르치고 배우고 사용하고 있을까? 예를 들면 '영어회화'를 배우는 수업에서 우리는 어떤 유형의 대화를 학습했는가?

대화를 시작하고 마치는 권한이 한 편에게만 주어진 건 아니었을까? 교사가 질문하면 학생은 짧게 대답한다. 다시 교사가 묻고 학생은 또 대답한다. 교실수업뿐만 아니라 시험과 교재에도 전형적인 인터뷰식 대화만 가득하다. 혹은 대화의 상황이나 목적이 분명하지도 않은 채 아무 말을 산만하거나 성의 없이 교환하진 않는가? 그렇다면 우리는 '가짜 대화', '겉도는 대화'만 교환하는 셈이다. 《이상한 나라의 앨리스》에서 가짜 거북이 지적한 것처럼 우린 그저 비틀고 몸을 꼬며 대화 아닌 대화를 억지로 가르치고 배웠을 뿐이다.

서로 협력하며
의미를 협상하는 말하기

    나는 대화에 관한 강연이나 수업을 할 때 화자끼리 의미를 협상하는 대화 예시를 보여줄 뿐만 아니라 보이고 들리는 그대로 시연하기도 한다. 사진으로도 보고 영상으로도 봐야 내 생김새가 어떤지, 우리 동네가 어떤 경관인지 제대로 알 수 있다. 그와 마찬가지로 보이고 들리는 대로 실제 대화를 함께 읽고 꼼꼼히 관찰하고 흉내도 내보면 대화다운 대화, 균형적이고 상호협력적인 대화의 속성을 온전하게 이해할 수 있다.

    실제 대화를 시연하기 위해서 영화, TV 드라마, 토크쇼, 예능 방송 등에서 서로에게 관심을 드러내고, 함께 배려하고, 의미를 능동적으로 협상하는 대화 예시를 찾곤 한다. 예를 들면 연애 예능 프로그램에서 목적 지향적이면서 상호결속적인 대화가 자주 등장한다. 〈나는 솔로〉나 〈환승연애〉와 같은 예능 방송을 보면 연애하겠다고 작정한 참가자 여럿이 마음에 드는 누군가의 환심을 사려고 한다. 그곳의 대화는 일방적이거나 비균형적일 수 없다. 그들은 적극적으로 호명하고, 화제를 전하고, 경청하고, 화답한다. 말 차례를 빈번하게 교환하면서 말 내용은 수시로 수정되고, 언제든지 다양한 화제로 전환될 수 있다. 처음 만날 때만 그렇지 않다. 좋아지고, 따지고, 싸우고, 화해하는 모든 장면에서 의미협상적인 대화가 등장한다.

미혼 청년이 연애할 때만 이러한 대화가 등장하는 것이 아니다. 서로 존중하거나, 사랑하거나, 협력하는 관계라면 비슷한 모양의 대화가 등장한다. 예를 들면 배우자끼리, 부모와 자녀, 이웃이나 동료 사이에서도 말 차례가 균등하게 교환되면서 의미가 협상되는 대화가 등장한다. 다음은 유튜브 쇼츠에서 본 부부의 대화⁴ 중 일부다. 둘의 관계가 친밀하다는 건 대화의 모양만 봐도 쉽게 짐작할 수 있다.

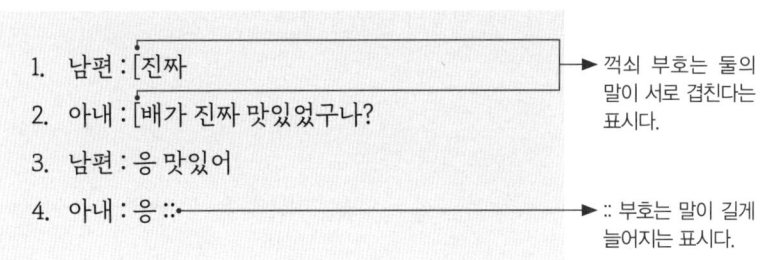

1. 남편 : [진짜
2. 아내 : [배가 진짜 맛있었구나?
3. 남편 : 응 맛있어
4. 아내 : 응 ::

→ 꺽쇠 부호는 둘의 말이 서로 겹친다는 표시다.

→ :: 부호는 말이 길게 늘어지는 표시다.

5. 남편 : 나는 이 정도면 굉장히:: 성공한 배라
고 생각해.   [이 정도 당도면
6. 아내 :   [그래?
7.   그럼 나는 배에 대한 스탠다드가 되게
높나봐, 그러[면.
8. 남편 :   [흐하하 뭐 그렇게 다 높
아
9. 아내 : 나 다 높아. 내가 오빠 [얘기했잖아
10. 남편 :   [흐ㅎㅎ
11. 아내 : 오빠가 남편이 된 거는 진짜 엄청난 걸
다 뚫은 거라고
12. 남편 : 체크리스트를?
13. 아내 : 어:: 굉장히 많은 체크리스트를
(1) 뛰어 [넘었어

괄호 안 숫자는 초
단위로 말이 중단된
표시다.

14. 남편 :   [흐ㅎㅎ
15. 아내 : 거의 그 사자가 막 불타는 [링 뛰어넘
잖아. 그걸 몇 개를 뛰어넘은 거야 오
빠가
16. 남편 :   [하하하핳
17. 아내 : (2) 얘, 껍질이 너무 두껍다
18. 남편 : 아 네
19. 아내 : 뭐 하는 거니 지금? 배를 그냥 다 (1.5)
조사고 있네
20. 남편 : 제가 과일 깎기 링을 (2) 통[과를 못할

21. 아내 :　　　　　　　　뻔했네
　　　　　　　　　　　　[통과를 못
　　　　　　　　　　　　할 뻔했네
22.　　　이거 봐, 여기 두께 보이세요?
23. 남편 : 아 죄송합니다. ㅎㅎㅎ
24. 아내 : (3) 아이구 :: 아이구 :: 배부르다
25. 남편 : 하하하하하하하
26. 아내 : (2) 아유 못 먹겠다 이제

부부는 말 차례부터 균등하게 주고받는다. 하나의 화제(1~7번 '당도 높고 맛있는 배')를 시작하고 관련된 내용(8~16번 '좋은 배에 관한 기준만큼 남편이 될 수 있는 까다로운 조건')으로 연결하다가 갑자기 중단하고 다른 화제(17~23번 '너무 두꺼운 껍질')로 전환한다. 서로 감탄사나 웃음으로 상대방 말에 즉각 반응하고 맞장구^{back} channeling를 친다. 할 말을 두고 잠시 망설이기도 하고 말이 겹치기도 한다. 말 차례 13, 17, 19, 20, 24, 26번에서는 1~3초씩 하던 말을 멈춘다. 그렇지만 의미를 언제든 수정할 수 있는 상호협력적인 대화이기에 그만한 중단과 망설임은 어색하게 들리지 않는다.

19번 말 차례에서 "조사고 있네"라는 낯선 표현이 등장한다.

아내가 실수로 발화한 것인지 그들끼리 아는 방언인지 분명하지 않지만, 이와 같은 대화의 상황에서 별 문제가 되지 않는다. 말 차례마다 등장하는 정보는 길지 않으며 의미가 가감되고 반복되기 때문에 청자로서 이해하기 편하다.

11번 말 차례에서 아내는 "엄청난 걸(것) 다 뚫은 거"란 표현을 사용하는데 그게 무슨 의미인지 분명하지 않다. 그렇지만 남편은 곧장 12번 말 차례에서 "체크리스트"라는 어휘를 보태고, 다음 말 차례에서 아내가 그걸 받아서 "체크리스트를 뛰어넘었다"고 부연한다. 대화자끼리 의미를 협상적으로 재구성하는 좋은 예시다. '엄청난 체크리스트를 다 뚫은 것 혹은 뛰어넘은 것'이라는 표현을 표준 한국어문법으로 판단하자면 애매한 어휘가 선택된 것으로 보인다. 체크리스트는 뚫거나 뛰어넘는 것이 아니기 때문이다. 그렇지만 둘은 말을 서로 보태고 있기에 별문제 없이 대화를 이어간다.

초급 영어학습자도
대화할 수 있다

다음은 초급 수준의 영어학습자가 참여한 균형적이고 협력적인 대화[5]의 예시다. 55번이나 교환되는 말 차례가 너무 길어서 보기에 불편할 수도 있지만 온전한 대화의 모양을 들리는 그대로 보여주고 싶다. 영어를 초급 수준에서 배우고 있는 일본인 NNS, nonnative speaker(비원어민)과 미국인 NS, native speaker(원어민) 대학생이 기숙사에서 나눈 대화를 녹취한 것이다. 둘은 잘 아는 사이이며 같은 방에서 살고 있다.

1. NS: Well what do you think about um mothers who um have
자, 아기가 있는 엄마들에 대해서 음 어떻게 생각하나요?

2.   their baby [and they leave them in garbage
  그리고   [그들은 아기들을 버려요… 쓰레기

3. NNS: [Uh-huh
      [으흠-

4. NS: cans
통에

5. (1.5)

6. NNS: Huh? What do you [
어? 뭐라고   [

7. NS: [They have –
           they have their baby?
           [그들은 – 그들은 아기가 있죠?

8. NNS: My mom?
우리 엄마요?

9. NS: No no (hh) Not your (hh hh) Mothers.
아니요 (흐) 너의 엄마가 아니라 (흐흐)

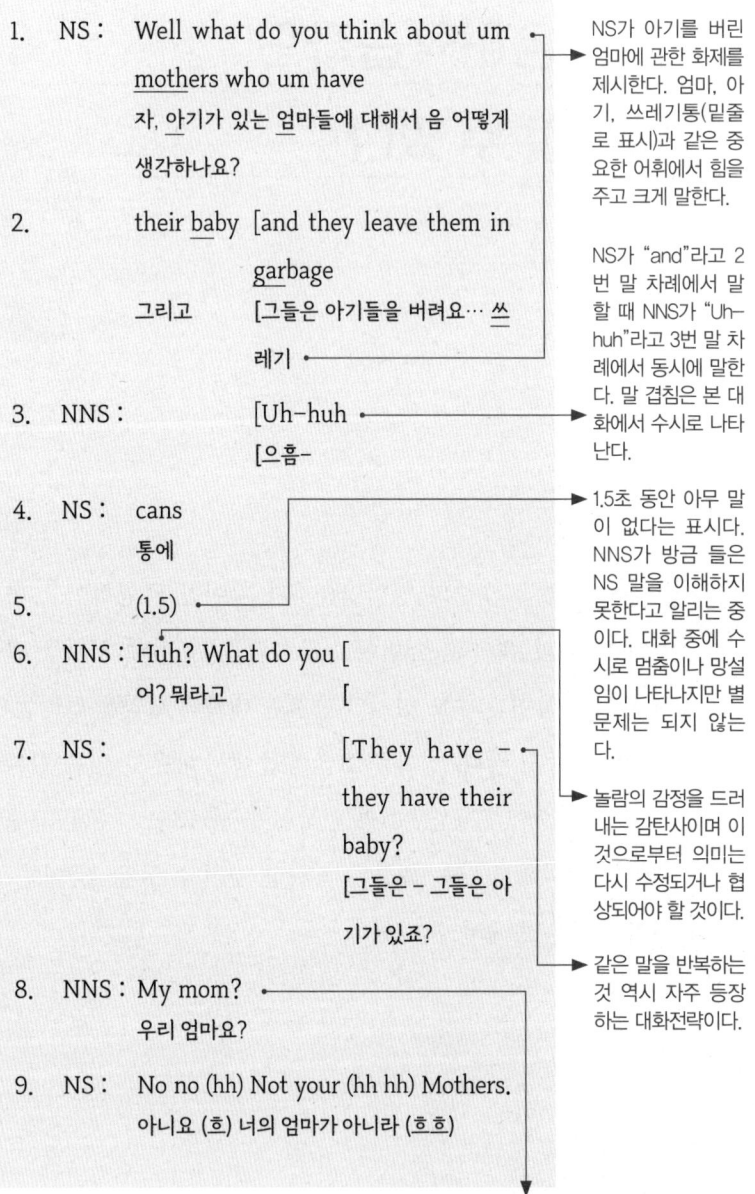

		엄마들.
10.	NNS:	Uh huh. Mothers uh huh
		으흠 엄마들 으흠
11.	NS:	They have their baby?
		엄마는 아기가 있죠?
12.	NNS:	Uh huh
		으흠
13.	NS:	And then - they leave it in garbage cans.
		그러고 나서 - 그들이 아기를 쓰레기통에 버려요.
14.		(.8)
15.	NNS:	Garbage?
		쓰레기?
16.	NS:	Garbage cans. Like big garbage c (hh) ans. Outside
		쓰레기통이요. 큰 쓰레기 ㅌ (흐) 통이요. 회사
17.		of businesses.
		밖이나
18.	NNS:	Uh h [uh
		어 [허
19.	NS:	[and apartments
		[아파트 밖에 있는

▶ NNS는 이와 같은 'Uh huh', 'OK', 'Ah Yeah' 등의 맞장구를 자주 사용한다. 상대방에게 말 차례를 계속 양도하고 대화를 자연스럽게 이어가도록 유도하는 전략이다.

▶ 0.8초 동안 침묵이 흐르고 NNS는 'garbage'가 뭔지 아직도 이해하지 못한 듯하다. 16번 말 차례에서 NS가 다시 설명한다. 적극적인 의미협상이 시도되는 중이다.

20.	NNS :	Ahh : : [	→ NNS가 '아…' 소리를 길게 늘이며 감탄한다. 뭔가 알 것 같다는 신호다.
		아 : : [	
21.	NS :	[You know what I mean?	
		[뭔 말인지 알겠어요?	
22.	NNS :	No I don't know. I d– I understand garbage.	
		아니요 모르겠어요. 저는요 – 저는 쓰레기 이해했어요.	
23.	NS :	Ye[ah. You know dumpsters? where – You know	→ NNS가 'garbage'의 의미를 이해하고 NS가 말하려는 의도를 조금이나마 파악한 듯하다. 의미협상이 계속 시도된다. NS는 새로운 어휘 'dumpster'를 사용한다.
		[네. 쓰레기 버리는 데 알죠? 어딘지 알죠?	
24.	NNS :	[Garbage.	
		[쓰레기.	
25.	NS :	Our garbage?	
		우리의 쓰레기?	
26.	NNS :	Garbage?	
		쓰레기?	
27.	NS :	Uh huh	
		으흠	
28.	NNS :	Ah yeah	
		아 네	
29.	NS :	Yeah. And they'll have a <u>b</u>aby and they'll leave	
		네, 그리고 그들은 <u>아</u>기가 있어요. 그리고 거	

			기에	
30.			it in there	→ 2초 동안 침묵이 흐른 뒤에 NNS는 쓰레기통에 아이를 놔둔 상황을 드디어 이해한 듯하다. 32번 말 차례에서 큰 소리로 깜짝 놀란다.
			아이를 버려요	
31.			(2.0)	
32.	NNS :	Uh yu:h? ((tone displays shock))	
		어, 네-에? ((놀란 톤으로))	
33.	NS :	Yeah. For someone to - to take it or
		for it to die
		네. 누군가가 가져가거나 또는 아기가 죽어요
34.	NNS :	Die? Ahh : : Like a just lea[ve it,
		죽어요? 아 : : 그냥 놔 [두는거같이
35.	NS :	[Mm-hm
		[음-흠
36.	NNS :	I know. ((clears throat)) what do yo[u
		나 알아요. ((헛기침하며)) 뭐[라고
37.	NS : [It's → NS가 이번엔 비열하다는 의미인 'mean'를 설명한다. NNS가 확인 질문을 하자 어휘를 반복하기도 하고 다른 어휘, 'bad'를 사용한다. 추가적인 의미 협상이 시도된다.
		mean.
		[그
		건 야비하죠.
38.	NN S :	What's mean?
		무슨 뜻이에요?
39.	NS :	No - It's mean. It's mean.
		아니요 - 그건 야비해요. 야비해요.
40.	NNS :	Mean.

야비하다.

41. NS : Yeah (hh hh) It's bad.
네 (흐흐) 그건 나빠요.

42. NNS : It's bad. Uh – I know (unintelligible [x xx)
나빠요. 어-저 알아요 (구분할 수 없는 소리 [x xx)

43. NS :   [M m-hm
                                [음 -흠

44. NNS : Because baby is not thing is y'[know
왜냐하면 아기는 물건이 아니에요. [알고 있듯이

드디어 NNS는 아이가 쓰레기통에 버려진 상황을 이해한다. 인간이기에 그럴 순 없다는 자신의 의견도 보탠다. 그런 중에 NS는 NNS가 사용한 어휘를 수정하기도 하고 맞장구도 쳐준다.

45. NS :   [Baby's what?
                             [아기가 뭐라고요?

46. NNS : Not thing. Baby is a animal – (hh) I (hh) don't know.
물건이 아니에요. 아기는 동물이에요 - (흐) 저는 (흐) 잘 모르겠어요.

47.   Humor.

유머

48. NS : Human, ye[ah
인간,　　[네

49. NNS : [So I can't do that. I ca:n't
do that I
[그래서 전 그렇게 못해요. 전 못
:해요.

50. can't sell, I can't - I can't throw
garba[ge
팔 수도 없어요. 못해요. 쓰레기를 던질 수
[없어요

51. NS : [Throw
[쓰레기를

52. it awa[y
버리　[조

53. NNS : [Throw away
[버리다

54. NS : Yeah.
네.

55. NNS : But - I can't kill because it's human.
그러나 - 아기는 인간이니까 죽이지 못해요.

대화의 흐름을 정리하면 다음과 같다. NS가 '쓰레기통에 버려진 아기'에 관한 화제를 꺼낸다. NNS는 초급 수준의 영어사용자라서 "쓰레기통"이라는 어휘부터 알아듣지 못한다. 그렇지만 둘은 간단한 문장 정보, 의성어, 동작이나 표정 등을 주고받으며 55번의 말 차례를 동등하게 교환하여 의미협상적인 대화를 이어간다.

5번, 31번 말 차례에서 침묵이 흐르고, 6~7번, 18~19번, 20~21번, 23~24번, 34~35번, 36~37번, 42~43번, 44~45번, 48~49번, 50~51번, 52~53번 말 차례에서는 서로의 말이 겹친다. 둘은 자신의 의도를 전하거나 상대방 말을 제대로 이해하기 위해서 여러 차례 확인 질문을 하거나 내용 일부를 수정하거나 보완한다. 비원어민 화자는 "Uh huh"와 같은 비언어적 형태의 삽입어로 맞장구를 치면서 상대방에게 말 차례를 전략적으로 양도한다. 22번과 46번 말 차례에서는 "I don't know"라고 하면서 모르는 것은 모른다고 말한다. 이런 대화의 모양으로부터 그들이 함께 의미를 협상하는 협력적인 관계임을 짐작할 수 있다. 어휘와 문법 지식이 초급 수준이라고 하더라도 상대편이 도와만 준다면 누구나 대화다운 대화를 감당할 수 있다.

우리는 흔히 비원어민, 이주민, 미취학 아동, 초급 단계의 언어학습자, 무뚝뚝한 경상도 남자, 내향적인 사람은 대화다운 대화를 제대로 못 한다고 단정한다. 그러나 대화를 나누는 상대방과의 관계나 상황이 위협적이거나 불편하지만 않다면 누구나 자연스러운 대화를 할 수 있다. 말을 할 수 있는 차례가 허락되고, 화제를 개시하거나 전환할 수 있고, 하던 말도 다시 수정하고, 미완성이나 비문법 문장도 편안하게 사용할 수 있다면 어떤 대화든 참여할 수 있다. 멈춤과 망설임, 여분과 반복까지 자연스럽게 보이거나 감춰진다. 문제점이나 결핍이 굳이 지적되지 않는다.

대화다운 대화를
하기 위해 필요한 것

　영화나 TV 드라마에 나오는 대화는 사전에 작성된 대본으로 만들어진다. 상영이나 방송 시간이 정해져 있어 화제가 수시로 바뀌는 산만한 대화는 등장할 수 없다. 말 차례의 질서가 필요하고 동시에 발화하면서 겹치는 말도 나오기 힘들다. 시청자에게 대사가 잘 전달되어야 하기 때문이다. 물론 시험이나 교과서에 나오는 대화보다는 자연스럽게 보인다. 예를 들어 시트콤 〈프렌즈Friends〉를 보면 친한 친구끼리 격의 없이 나누는 듯한 대화의 모양이 나타나곤 한다.
　영화 〈터미널The Terminal〉에서 빅터가 참여하는 대화도 그렇다. 톰 행크스Tom Hanks가 연기한 빅터는 미국으로 오는 중에 자신의 국가가 일시적으로 유령 국가가 되면서 무국적자 신분이 된다.

입국은 불허되고 본국으로 돌아갈 수 없게 되자 한동안 공항 터미널에서 살아간다. 영어를 배우지 못했던 빅터는 처음엔 공항 직원의 질문에 엉뚱한 대답만 늘어놓는다. 그러나 시행착오를 통해 대화기술을 터득한 후에는 공항 직원들과 친해지고 능동적으로 질문도 먼저 하고 감정이나 의견을 나눈다.

어휘와 문법을 많이 배운다고 말 차례를 능숙하게 교환하는 대화자가 되는 것은 아니다. 대화는 문법지식과는 별개의 기술이 요구된다. 내가 관찰한 빅터의 대화기술이 좋은 예시다. 그는 상대방이 한 말을 어휘 수준이나마 반복한다. 그것도 쉽지 않으면 상대방이 말할 때 동의하는 표정을 짓거나 잘 모르겠다는 손짓을 사용한다. 다수의 초급 학습자는 대화를 하다가 소통이 안 되면 포기하지만 빅터는 좀처럼 포기하지 않는다. 상대방과 눈을 맞추며 대화가 어떻게든 흘러가도록 한다. 말 차례만 계속 교환되어도 그럴듯한 대화가 만들어진다. 결국 서로에게 호기심을 갖고 배려할 수 있는 기회도 생긴다.

위트도 빼놓을 수 없다. 공항에서 알고 지내던 아멜리아가 자신이 좋아하는 남자가 있는데 결혼했다고 빅터에게 말한다. 빅터는 제한적으로 알고 있는 어휘를 조합해서 이렇게 대답한다.

아멜리아 :	He's married.
	그 사람 결혼했어.
빅터 :	One man. Two womens. Crowded.
	한 남자. 두 여자. 복잡함.

빅터는 문법지식은 부족하지만 위트를 더하며 대화를 이어 간다. 상대방이 슬픈 내용을 전하는 것처럼 보이면 슬픈 표정을 짓고, 누군가 웃으면서 어떤 말을 건네면 함께 웃는다. 문법지식 으로는 초급 수준의 학습자일 뿐이지만 다양한 대화기술을 활 용하면서 감정을 나누고 의견도 교환한다. 빅터는 어휘와 문법 부터 학습하고 나중에 대화를 배운 것이 아니다. 대화(를 통한 관 계성)의 기술을 숙지하면서 필요한 문법을 자연스럽게 학습했 다. 이런저런 사건, 우연한 만남, 호기심, 감정, 직관적 판단, 기 호적 자원 등은 빅터가 대화의 상호작용을 배우도록 도왔다.

영화나 TV 드라마와 달리 대본에 크게 의존하지 않는 예능 방송에서는 즉흥적이면서도 의미협상적인 대화가 빈번하게 등 장한다. MBC 〈무한도전〉은 2005년부터 2018년까지 방영되며 대단한 인기를 누렸다. 캐릭터도 잘 구성되었고 서사의 편집이 좋았다고 하지만, 멤버들이 나눈 대화도 자연스럽고 재밌었다. 그들은 말 차례를 즉흥적으로 교환하며 균형적인 대화를 만들었다. 서로 다른 개성을 가진 그들만의 방식으로 표현하고, 알아서 수정하고, 맞장구를 치고, 상대방 말에 개입하면서 대화를 대화답게 만들었다. 그러한 대화의 모양이 각자만의 캐릭터를 구성하는 데 도움을 주고 더 나아가 시청자에게 즐거움도 주었다.

영어회화를 공부로 하지 말고 만나서 그저 편안하게 대화를 나누자는 영어교육 콘텐츠가 판매된 적이 있다. "자신이 하고 싶은 것을 하자, 자유롭게 이야기하자, 나를 표현하는 데는 정답이 없다." 유튜브나 인스타그램 광고에 외국에서 살다가 온 멋진 청년들이 모델로 나와 각자의 삶을 원하는 대로 표현하자고 제안했다. 젊은 학습자들이 호기심을 가졌고 등록도 많이 했다. 대화를 공부하겠다고 등록한 수강생은 로맨스 영화 〈비포 선라이즈Before Sunrise〉에 나오는 자유롭고 즉흥적인 대화 장면을 상상했을지 모른다. 영화에서는 헝가리 부다페스트에서 기차를 탄 프랑스인 셀린이 우연히 미국인 제시를 만난다. 그들은 기차에서 함께 내리고 오스트리아 빈 거리를 다니며 일상적이고도 폭넓은 소재로 대화를 나누고 서로에게 호감을 느낀다.

그러나 자유롭고 편안한 대화는 친밀한 관계가 전제되어야 가능하다. 낭만적인 상상을 했던 수강생이라면 분명 실망했을 것이다. 비싼 돈을 내고 대화를 배우는 곳에서는 그만한 관계가 쉽게 형성되기 어렵기 때문이다. 실제로 영어실력을 검증하고 반 편성을 한다는 명분으로 수강생들이 작문 테스트를 응시해야 한다고 들었다. 그런 절차를 따르며 즉흥적이거나 재미있는 대화를 얼마나 해볼 수 있을까? 작문 테스트를 사용한 건 처음부터 대화 참여자를 문법에 얽매이게 한 것이다. 수강생을 시험 성적으로 구분한다면 편의성의 원리가 중요하게 작동하는 곳이다. 거기서 즉흥적이고 협상적인 대화가 나눠지긴 쉽지 않다.

그루트와 깐돌이도
할 수 있는 대화

　마블 코믹스 원작 영화 〈가디언즈 오브 갤럭시 VOL. 2^{Guardians of the Galaxy Vol. 2}〉에 등장하는 매력적인 캐릭터 그루트의 대화기술이 돋보인다. 나무처럼 생긴 캐릭터 그루트는 모든 대화적 맥락에서 "I", "am", "Groot" 세 단어로 합쳐진 "I am Groot"만 말한다. 그것만이 자신의 언어 '그루트어'인 셈이다. 영화의 처음부터 끝까지 그루트는 어떤 의사소통 상황에서든 오직 "I am Groot"만 말한다. 예를 들면 여러 장면 중에서 너구리 로켓이 어린 시절의 그루트에게 폭탄을 작동하는 순서를 다음과 같이 알려준다.

1. 로켓: Now repeat back what I just said.
   이제 다시 내가 말한 걸 반복해 봐.

2. 그루트: I am Groot.
   나는 그루트야.

3. 로켓: Uh huh.
   으흠.

4. 그루트: I am Groot.
   나는 그루트야.

5. 로켓: Uh huh.
   으흠.

6. 그루트: I am Groot.
   나는 그루트야.

7. 로켓: No! That's the button that will kill everyone. Try again.
   아니, 그건 우리 모두를 죽이는 버튼이야. 다시 해봐.

그루트가 반복적으로 사용하는 문장은 "나는 그루트야"일 뿐이다. 주위에 있는 대화 참여자는 그루트의 언어를 정확하게 모르지만 제대로 알아들은 척 태연하게 응대한다. 위 장면에서도 너구리 로켓은 영화를 보는 관객과 마찬가지로 2, 4, 6번 말 차례에서 그루트가 무슨 말을 하려는지 짐작만 할 뿐이다. 말 차례 3, 5번에서 로켓이 말한 "Uh huh"는 그루트가 사용하는 말에 맞장구를 치는 의성어다. 이런 대화에서 그루트는 대화의 주체로 보이는가? 아니면 문법능력이 결핍된 바보처럼 보이는가? 그루트는 다양한 어휘와 문장 형태를 사용하지는 못하지만, 자신만의 능숙한 대화기술로 존재감을 드러내며 의미협상적인 대화에 자연스럽게 참여한다. 그렇기 때문일까? 많은 관객이 그루트를 좋아했고 지금도 사랑받는 마블 캐릭터 중 하나다.

그루트식 대화가 마블 영화에나 등장하니 현실적으로 보이지 않을 수 있다. 그렇다면 그만한 대화를 우리의 일상에서 찾아보자. 나와 함께 사는 강아지 깐돌은 임시보호소에서 구조된 유기견이었는데 병원에 데려가니 몸 상태가 좋지 않았다. 무엇보다 뒤쪽 다리를 평생 절 수 있다는 말을 수의사에게 듣고선 가족회의를 열었고, 우린 망설였지만 결국 깐돌과 함께 살기로 결정했다. 돌려보내면 어떤 일이 깐돌에게 일어날지 잘 알기 때문이었다. 팬데믹 시기를 포함해서 수년 동안 깐돌과 나는 서로에게 참 좋은 친구가 되었다. 밖에서 일하다가 집에 들어가면 나는 깐돌과 다음과 같은 대화를 나누곤 한다.

깐돌: (나를 보자 앉은 채로 꼬리를 흔든다)
나: 깐돌, 아저씨 봐서 반가운 거냐? 꼬리를 흔드네…
      (깐돌에게 다가간다)

깐돌 : (꼬리를 흔드는 걸 멈춘다. 빤히 쳐다본다)
나 : 깐돌, 뭐냐? 반가움 끝?
깐돌 : (귀를 쫑긋한다)
나 : 별일 없었냐?
깐돌 : (시선을 돌리고 엎드린다)
나 : 아, 오늘 힘드네.
깐돌 : (살짝 쳐다본다)
나 : 산책 갔다 왔냐?
깐돌 : (산책이란 말에 몸을 일으켜 세우고 꼬리를 흔든다)
나 : 너 산책 아침에 다녀왔잖아.
깐돌 : (계속 쳐다본다)
나 : (나도 쳐다본다)
깐돌 : 왈왈
나 : 뭐야? 산책 가자고?
깐돌 : (손을 깨물며 안기려고 한다)
나 : 아 지금 피곤해.
깐돌 : (더욱 격렬하게 안긴다)
나 : 알았어. 알았어.

깐돌과 내가 대화를 나눌 때 말 차례만 수십 번 교환한다. "산책 갈까", "손", "sit", "house" 등과 같은 어휘나 문장 정보만 제한적으로 이해하는 깐돌이지만 우리는 말 차례를 교환하고 의미를 협상하며 즐겁게 대화를 나누는 관계다. 그루트가 "I am

Groot"만 발화할 수 있었던 것처럼 깐돌이도 "왈왈" 소리만 낼 수 있다. 그래도 침묵하거나 짖으면서, 표정이나 동작과 같은 몸 기호를 동원하며 성의껏 나와 대화한다. 깐돌과 나는 서로를 존중하고 협력하며 대화를 나눈다. 우리 사이에 대화가 가능한 이유는 서로 좋아하고 상대방에게 위협적이지 않아서 그렇다.

이는 나와 깐돌만의 특별한 의사소통 방식이 아니다. 유튜브 채널 〈보더로운생활〉을 보면 견주와 보더콜리 견종의 세 강아지 브랜디, 페퍼, 하이의 일상이 나온다. 첫째 브랜디는 견주의 무릎에 앉아 자신을 만져 달라고 요구한다. 보호자가 잠시 손을 떼고 휴대폰이라도 보면 더 만지라고 뒤돌아서 쳐다보기도 하고 손짓도 한다. 셋째 하이는 몇 년째 원하는 어떤 것이 있을 때마다 견주의 얼굴에 코를 댄다. 그들은 눈을 마주치고, 표정을 살피거나, 행동으로 상대편의 의중을 파악한다. 서로 존중하는 관계성이 구축되면 개조차도 사람과 대화를 나눈다.

그루트, 깐돌이, 브랜디, 페퍼, 하이와 나누는 대화가 별것도 아니라고 생각하는가? 그렇지 않다. 어디서나 누구나 그만한 대화를 나눌 수 있는 것은 아니다. 문법을 아무리 많이 공부해도 대화에 온전하게 참여하지 못하는 학생이 많다. 문법은 대화의 필요조건이 아니기 때문이다. 파닉스, 어휘, 문법을 한참 학습한 후에 대화나 스토리텔링을 공부시키는 관행이 아직도 남아 있다. 거기에 더해 교육 담당자는 늘 어린 학생, 초급 학습자가 대화를 시작할 준비가 되지 않았다고 과장한다. 문법능력을 과장하고 대화능력이 반영되지도 않은 시험 성적만으로 언어에 관한 성취도나 능숙도를 판단한다. 참 어설프고도 나쁜 교육이다.

문법능력과 상관없이, 나이가 어리더라도 누구나 자연스럽고도 협력적인 대화에 참여할 수 있다. 대화부터 시작해야만 말을 교환하는 관계성 교육, 대화를 통한 정체성 교육이 시작된다. 영어를 처음 배운 사람도, 어린아이도, 집에서 함께 사는 반려견도 대화를 나눌 수 있다. 서로가 편안하고 위협적이지 않다면 우리는 수동적으로 '반응'하고 '대답'하는 수준의 대화에서 얼마든지 벗어날 수 있다.

대화의 소멸,
인간성의 상실

　대화다운 대화가 사라지고 있다. 학교에서나 기업에서 효율적으로 대화를 가르치고 사용하자는 명분으로 인간다운 삶의 기본 요소인 대화조차 왜곡하거나 통제하고 있다. 오래전 영화이지만 로빈 윌리엄스Robin Williams 주연의 〈바이센테니얼 맨Bicentennial Man〉을 얘기하면서 인간다움이 드러나는 온전한 대화, 즉 대화의 인문적 가치에 관해 생각해 보자.

　영화는 로봇 앤드류가 인간다움의 속성을 획득하는 과정을 보여준다. 앤드류는 피아노를 치면서 정서적 교감을 터득하고, 옷을 입으면서 타인과 구분된 존재감을 학습한다. 감정을 표현하는 표정도 짓고, 주름살, 덧니, 주먹코 등과 같은 인간다운 외형도 지녔다. 중추신경계와 말초신경계로 구성된 신경조직까지 갖추면서 감각적 경험도 할 수 있다. 눈물도 흘린다. 키스하는 느낌도 알게 된다. 앤드류는 전자두뇌를 달고 있는 기계만이 자신의 정체성이 아니며, 인간이 가진 현상학적 마음까지 지니고 있다. 인간의 생체기관을 갖게 된 그는 스스로 감각적이고 즉흥적이고 자유로운 주체로 느낀다. 여인(포샤)과 감정을 교환하며 사랑에도 빠진다.

그렇지만 인간 집단은 여전히 앤드류를 인간으로 인정하지 않는다. 대체 인간이라는 종 정체성을 획득하려면 무엇이 더 필요할까? 인간으로 살고 싶은 앤드류는 기계와 인간 사이에서 자신의 혼종 정체성을 두고 고민한다. 포샤를 사랑하며 결혼도 하고 싶다. 그러나 결혼하려면 인간으로 인정받아야 한다. 그는 결국 법정에 서서 자신이 인간과 기계의 몸을 함께 보유한 이중체이며, 인간도 인공 장기를 달고 살아가는 인간/기계의 복합체로 본다면 자신도 인간으로 인정받을 수 있다고 주장한다. 그러나 판사는 앤드류가 인간만의 유전자를 갖춘 생명체가 아니기에 인간으로 인정하지 않는다.

수십 년이 흐르고 포샤마저 죽는다. 인간은 그렇게 모두 죽는 존재다. 앤드류는 자신을 만든 마틴, 우정을 나눈 작은 아씨, 그리고 사랑하는 포샤까지 모두 떠나자 홀로 남았다는 느낌을 받는다. 앤드류가 이렇게 고백한다. "세상은 잠시 머물다가 가는 것이다. 자연의 순리를 깨달으면 두렵지 않을 수 있다. 정말 두려운 것은 죽는다는 것이 아니라 홀로 남겨진다는 것이다." 죽음보다 사랑이 없는 것이 더 무섭다. 시간의 정지보다 무서운 것이 시간의 무의미다. 앤드류는 의미가 없는 미래보다 의미 있는 현재를 원한다. 이제 자신을 죽을 수 있는 존재로 바꾸고 싶다.

그는 인간의 삶을 살려면 인간처럼 죽을 수 있는 존재가 되어야만 한다. 다시 소송을 시작한 앤드류는 법정에서 말한다. "전 항상 어떤 의미를 찾고자 했습니다. 나를 바로 나답게 만드는 그런 이유 말입니다." 앤드류는 로봇이 아닌 인간으로서의 정체성을 얻기 위해서 결국 죽음을 선택한다.

슬픈 이야기다. 로봇의 서사라서 낯설 수도 있다. 그러나 자신에게 주어진 이름, 자신만의 위치성에 경각심을 갖고 그로부터 새롭게 변신하고 싶은 타자의 이야기는 우리 주변에서도 쉽게 찾아볼 수 있다. 앤드류는 자신을 자신답게 만드는 존재의 근거를 탐색하면서 분투하는 삶을 살았다. 참으로 역설적이지 않은가? 인간으로 살아갈 수 있는 조건이 죽음이다. 죽음이 있기에 삶이 귀한 것이다.

인간이 인간다울 수 있음이 생명과 죽음이라는 이항적 속성으로 이해된다면 지금까지 설명한 대화다운 대화의 양식에도 적용해 보자. 대화가 대화일 수 있는 최소한의 필요조건은 무엇일까? 일방적인 대화, 빙빙 겉도는 대화, 상호작용이나 의미협상이 없는 대화는 온전하지 못하다. 죽음이 삶의 의미를 새롭게 하듯이 대화로 보이게끔 하는 가짜 자질이 죽어야 한다. 앤드류는 로봇처럼 말하는 자신이 싫었다. 로봇의 말하기는 멈춤과 망설임이 없다. 여분과 반복도 없다. 오직 인간의 대화에만 어리숙한 말의 특성이 넘친다. 말은 겹치고, 늘어지고, 화제는 수시로 전환되고, 수정되면서 인간은 인간만이 할 수 있는 대화를 한다.

대화가 대화다울 수 있는 (언어학적) 특성을 설명하기 전에 인간이 인간다울 수 있는 대화의 특성이 무엇인지 생각해 보면 좋겠다. 인간의 언어(교육)나 대화(교육)는 인간다움의 관점으로 봐야 한다. 생명과 죽음, 관계성과 정체성은 대화를 가르치고 배우는 현장에서 반드시 고려되어야 한다.

안타깝게도 대화다운 대화가 우리 삶과 세상 경관에서 사라지고 있다. 2부에서부터 그것이 얼마나 심각한 문제인지 하나씩 설명하고자 한다.

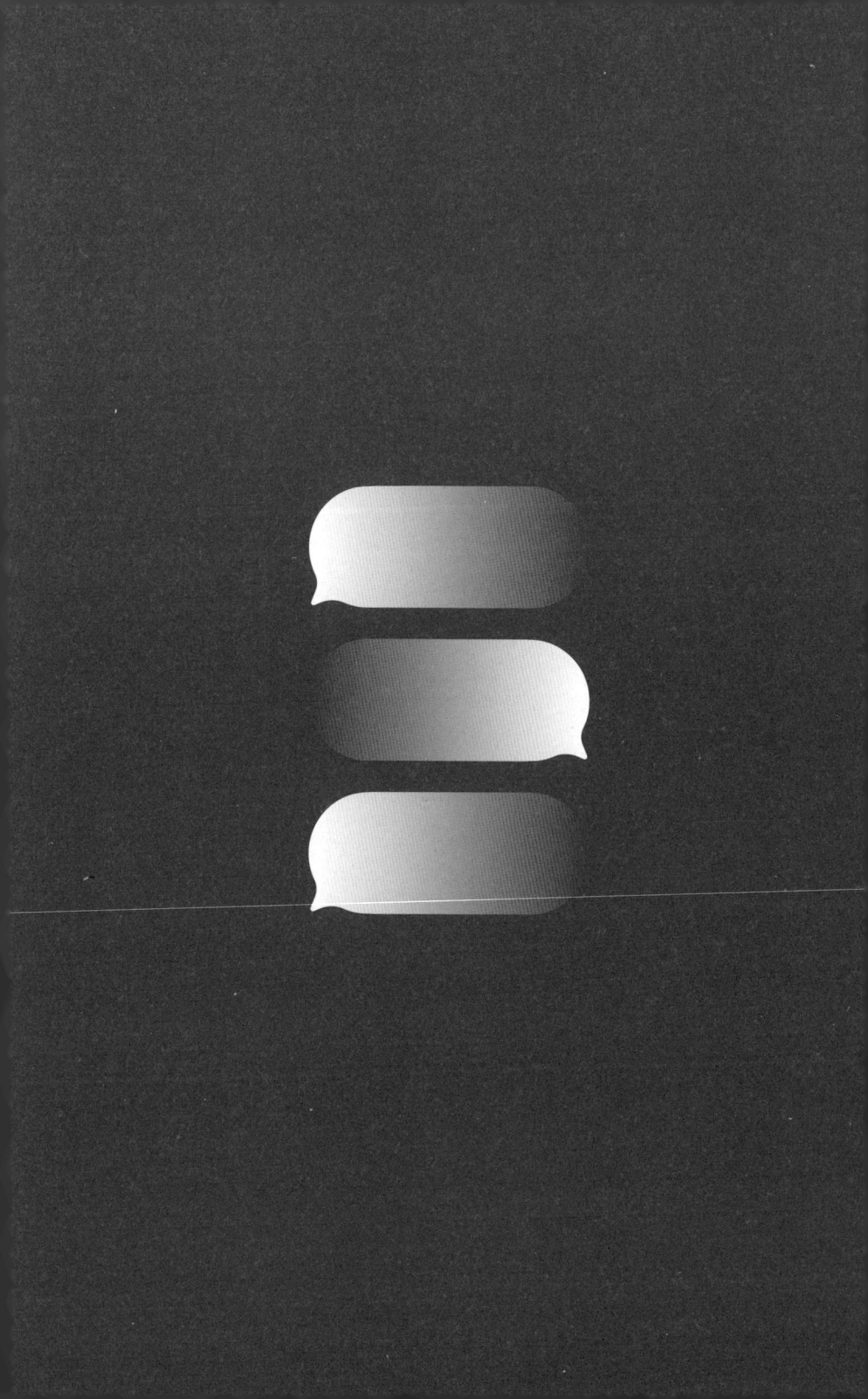

2부

일그러진 대화의 불편한 진실

꽁꽁 얼어붙은
냉동식품 대화

　글로든 말로든, 교실이든 시험장이든, 수능 시험이든 토익 시험이든, 온라인 교육이든 영어마을에서든 대화교육이라고 하면 어디서나 인터뷰식 대화일 뿐이다. 인터뷰식 대화는 특정한 유형의 대화일 뿐이며 질문하는 면담자와 대답하는 피면담자의 역할은 구분된다. A가 질문을 하면 B가 대답한다. A가 또 묻는다. B가 다시 대답한다. 그렇게 둘 중 한 편에서만 질문하고 다른 편에서는 대답한다. 그런 인터뷰식 대화가 대화를 가르치고 배우며 평가하는 모든 현장에서 지배적으로 사용되고 있다. 교과서나 시험만 살펴봐도 말 차례가 고작 네 번에서 여섯 번 인색하게 교환되는 인터뷰식 대화가 넘친다. 아래 대화는 한국교육과정평가원이 주관하는 고등학생 대상의 학업성취도 영어시험

에서 만날 법한 대화 지문이다.[6]

W : Why were you late?
왜 늦었어요?

M : I missed the train. I had to take a later one.
기차를 놓쳤어요. 다음 걸 타야 했습니다.

W : What? I heard you bought a new car?
뭐라고요? 새 차를 샀다고 들었는데요?

M : Yes, last weekend.
예, 지난 주말에요.

W : Then, why are you still taking train?
그럼 왜 아직 기차를 타죠?

M : Because I found a flat tire.
왜냐하면 타이어가 펑크가 난 걸 알았기 때문이죠.

W : You do not have a spare tire?
여분의 타이어를 가지고 있지 않나요?

M : I didn't have enough time to change it. So I had no choice but to take the train.
교체할 시간이 충분하지 않았어요. 그래서 기차를 탈 수밖에 없었습니다.

W : I understand. I can help you change the tire.
그렇군요. 당신이 타이어 교체하는 걸 내가 도와줄 수 있습니다.

대화문을 찬찬히 보자. 남성^{M}과 여성^{W}은 마치 인공지능이 탑재된 로봇처럼 질문하고 대답한다. 고작 세 번씩 말 차례를 주고받을 뿐인데 여성은 남성에게 많은 질문을 한다. "왜 늦었냐?", "차를 사지 않았냐?", "차를 샀는데 왜 기차를 탔냐?", "여분의 타이어가 있었는지?" 그런데 남자는 놀랍게도 모든 질문에 (달달 외워서 준비한 것처럼) 깔끔하게 차례대로 응답한다. "기차를 놓쳤다.", "지난 주말에 차를 샀다.", "타이어에 펑크가 났다.", "여분 타이어를 교체할 시간이 없었다." 망설임도 없다. 아무런 감정도 드러나지 않는다. 과연 이런 대화가 실제 상황에서 가능하기나 할까?

 마치 로봇처럼 말하는 대화를 교재와 시험을 통해 반복적으로 공부한다면 우리는 어떤 대화자가 될까? 위와 같은 인터뷰식 대화는 마치 꽁꽁 얼어붙은 냉동식품처럼 보인다. 어릴 때부터 편의점에서 손쉽게 구할 수 있는 냉동식품에만 익숙해지면 우리의 입맛은 달라진다. 보관이 쉽고 먹기도 편하겠지만 그런 음식을 계속 찾으면 영양 불균형 상태가 될 것이다. 신선하고 맛있는 음식의 필요도 사라질 것이다.

 대화를 가르치고 배우고 평가하는 것도 마찬가지다. 위협적이지 않은 의사소통 상황이라면 대화는 누구나 즐겁게 참여하고 배울 수 있다. 서사나 논증, 발표와 토론과 달리 대화를 주고받는 건 어린아이에게도 어렵지 않은 언어기술이다. 앞서 언급한 영화 〈터미널〉의 빅터가, 〈가디언즈 오브 갤럭시〉의 그루트가 대화를 '사용'하듯이 말이다. 그러나 인터뷰식 대화만 넘치는 곳이라면 다른 대화의 모양이 들릴 수가 없다.

대화를 제대로 가르치고 배우려면 냉동대화부터 버려야 한다. 수능 영어시험이 절대평가로 바뀌더라도, 원어민 교사가 1년 내내 가르치더라도, 꽁꽁 얼어붙은 냉동대화로는 대화를 대화답게 말할 기회가 생겨나지 않는다. 영어교육 전문가들은 대학입시에 영어말하기시험만 도입하면 모든 문제가 해결될 것처럼 낙관한다. 그러나 어떤 대단한 시험이 도입되든, 어떤 거창한 정책이 집행되든 냉동대화가 사라지지 않는다면 학생들의 말하기 학습은 지금과 다를 바가 없을 것이다.

규범과 정답이 중요한
대화교육

다음 대화는 대학수학능력시험 영어 영역에서 볼 만한 대화 지문이다.[7] 비슷한 모양의 지문은 다른 시험이나 교재에서도 쉽게 찾아볼 수 있다. 한 편(여기에서는 A)에서 일방적으로 대화를 주도하고 다른 편(여기에서는 B)에서는 수동적으로 반응하는 역할만 한다. 둘의 대화는 결속된 것으로 보이지만 B에게는 화제 전환, 자발적인 수정, 즉흥적인 개입이 보이지 않는다. 티켓 가격과 수령에 관해 A가 질문을 하거나 화제를 도입하면 B는 그저 응답하고 인증만 한다. 화제를 주도적으로 도입하는 A 앞에 일부러 화살표를 붙여두었다.

→ A : Did you make my plane reservation to New York?
   뉴욕행 비행기 예약했나요?

   B : Not yet, but I can do it now.
   아직 안 했지만 지금 할 수 있어요.

→ A : How much are the airline ticket?
   비행기 티켓 가격은 얼마인가요?

   B : I can book you on your flight at a great rate. It costs eight hundred fifty dollars.
   제가 아주 좋은 가격으로 예약할 수 있어요. 약 850달러입니다.

→ A : Really? Why is the ticket eight hundred fifty? You said it would cost about one thousand dollars?
   그래요? 티켓이 왜 850달러죠? 전에는 1000달러쯤 된다고 했잖아요?

   B : Because you are now planning to stay longer than before. The travel agent said that airfare is based on the length of the stay.
   왜냐하면 전보다 더 오랫동안 머물 계획이니까요. 여행사에서 말하기를 비행기 운임은 체류기간으로 정해진답니다.

→ A : Isn't it cheaper than when we traveled to New York last year.
   이 티켓은 작년에 뉴욕 여행할 때보다 더 싸지 않나요?

   B : I think so. I remembered it costed about nine hundred dollars.
   내 생각도 그렇습니다. 900달러였던 것으로 기억합니다.

> → A : So, when can I get the ticket?
> 그럼 언제 내가 티켓을 받을 수 있지요?
>
> B : I can buy it immediately. You will receive the e-ticket in your e-mail.
> 내가 당장 사두겠습니다. 이메일로 전자티켓을 받아볼 수 있을 겁니다.
>
> → A : That's great. That'll save me some money.
> 좋아요. 돈을 절약할 수 있겠네요.

　나는 언어평가 분야에서 오랫동안 활동했기 때문에 대화가 등장하는 시험의 관행도 잘 알고, 의미를 협상하는 긴 대화가 시험에 사용되지 않는 표준화와 편의성의 명분도 안다. 그렇지만 대화처럼 보이지 않는 대화를 볼 때마다 참 답답하다. 문장마다 너무 길고 지나치게 문법적인 정보로 채워졌기 때문이다. 저런 대화를 수십 년 붙들고 공부하는데, 교실 밖에서 어떻게 의미협상적인 대화를 할 수 있을까?

　대화 지문뿐 아니라 대화 능숙도를 점검하는 질문도 이상하다. 예를 들면 대화 중간에 빈칸을 설정하고 수험자에게 들어갈 만한 적절한 내용을 찾으라고 한다. 다음 대화에서는 세 번째 등장하는 말 차례에서 말 정보를 삭제하고 "진짜요?"라며 되묻는다.

W : Dad, look over there. Baked chicken is on sale today.
아빠, 저기 봐요. 오늘 닭구이를 팔고 있어요.

M : That's a good deal. I've had the chicken before.
괜찮은데. 난 전에 저 치킨을 먹어봤어.

W : Really? _____
진짜요? _____

M : It was really delicious. I ate it with your grandmother. We both enjoyed it a lot.
아주 맛있어. 네 할머니와 먹었지. 우리 둘 다 아주 좋아했어.

질문 : 다음 대화의 빈칸에 들어갈 말로 가장 알맞은 것은?
(1) How did you like it? 좋았나요?
(2) Can I have some more? 좀 더 가져가도 되나요?
(3) Which do you want to eat? 어느 걸 먹고 싶으세요?
(4) How many times did you eat it? 얼마나 자주 먹었어요?[8]

정답은 1번이 될 것이다. 먹어본 것에 대해 "좋았나요?"라고 물어보면 "맛있다"라고 응답할 수 있다. 그러나 해당 대화는 네 번의 말 차례로 종결되기 때문에 가상의 맥락을 앞뒤로 다음과 같이 상정한다면 2번부터 4번 어느 것이든 적절한 응답이 될 수 있다. 둘이 뭔가를 하는 중에 닭구이 얘기를 나눈다면 중간에 잠시 화제를 전환하면서 2번 "좀 더 가져가도 되나요?"라고 질문할 수 있다. 닭구이 얘기를 하기 전에 피자 얘기를 하고 있었더라면 3번 위치에서 "어느 걸 먹고 싶으세요?"라고 말할 수 있다. 또한 해당 치킨을 먹은 적이 있다고 하니 자연스럽게 4번처럼 "진짜요? 얼마나 자주 먹었어요?"라고 물을 수도 있다. 그럴 때 아빠는 얼마나 자주 먹었다는 얘기보다 할머니와 아주 맛있게 먹었다는 얘기를 먼저 할 수 있다.

다양한 대화 맥락을 경험했거나 상상력이 풍부한 학생이라면 이런 문항에서 단 하나의 정답을 찾는 공부가 즐거울 수 없다. 규범과 정답이 중요한 곳이라면 우리는 대화를 통해 호기심을 드러내거나, 상대방을 배려하거나, 의미를 다시 협상하기가 곤란하다. 대화는 매끈해야만 한다. 대화에서 실수는 용납되지 않으며 다음 말을 어떻게 할지 정답이 있다. 침묵이나 더듬는 말, 비문이나 완성되지 않은 문장도 없어야 한다. 거기선 대화다운 대화가 사라질 수밖에 없다. 정답을 따지는 엄숙한 의례만 남는다.

모더니티의 과잉, 맥도날드화

　올리브영, ABC마트, CGV, 스타벅스, 맥도날드 등의 매장에서 일하는 직원들 말투를 흉내 낸 영상을 SNS에서 본 적이 있다. 나도 웃고 함께 본 학생들도 크게 웃었다. "필요한 것 있으시면 말씀해 주세요.", "12번 고객님, 주문하신 카푸치노 나왔습니다." 특정 매장에 소속된 직원이 들려주고 보여주는 매뉴얼식 대화법을 흉내 낸 것이다. 실컷 웃고 나서 나는 학생들에게 이렇게 질문했다. "예전엔 아나운서, 승무원, 콜센터 직원 등이 표준적인 지침으로 말끔하고도 획일적인 말투를 사용했는데, 요즘은 매뉴얼로 외우듯이 말하는 모습이 어느 매장에서나 자주 관찰됩니다. 왜 그럴까요?" 이 질문은 천편일률적인 냉동대화가 사용되는 배경에 관한 것이다.[9]

우리는 옷차림이나 헤어스타일처럼 언어도 예쁘게 관리할 수 있고, 그렇게 관리된 언어는 개인이나 기업에게 이윤을 제공할 수 있다고 믿는다. 모던 타임스, 즉 근대의 시간은 국가의 경계선이 분명해지고 시장이 전 세계적으로 확장되던 때다. 경제와 공리, 관리와 통제, 단일성과 표준성의 가치가 본격적으로 영향력을 발휘한다. 한국 사회도 해방과 산업화를 거치면서 모더니티modernity 가치를 빠르게 수용했고, 언어산업도 예외가 아니었다.

'모던modern'은 '새롭다' 혹은 '다르다'를 의미한다. 유럽사만 놓고 봐도 '모던'한 사회는 중세 시대를 지배한 마법과 주술의 원리를 폐기한다. 새롭고도 전혀 다른 삶의 원리가 작동하기 시작하는데, 그것이 바로 모더니티다. 개념적으로는 '합리주의'로 이해하면 무난하다. 합리주의의 도구는 기술이며, 동기는 시장이다. 유럽은 르네상스 시기를 지나며 사상적으로는 계몽주의, 경제적으로는 산업혁명을 통해 삶의 근간을 다시 구성했다. 세상을 다스리는 핵심 질서는 대형화, 표준화, 동질화, 세계화였다. 모두 합리성을 강조하는 신념체계로 볼 수 있다.

모더니티가 작동하는 유럽 사회의 문헌을 보면 주술적 신념, 미혹의 일상으로부터 각성하고 계몽하는 합리주의나 해방주의 서사가 가득하다. 예를 들면 막스 베버Maximilian Weber는 근대 사회를 전통적인 관습에서 벗어나려는 탈마법disenchantment 시대정신으로 이해했다. 삶에서 관찰되는 모든 것을 신비롭거나 예측할 수 없는 힘으로 설명하지 않는다. 효율성의 원리가 개인적이면서 사회적인 행위를 움직일 수 있다고 보았다.

모더니티는 도시와 시장의 확장과 함께 생산과정과 수단까지 변화시켰다. 산업혁명으로 본격화된 도시화나 자본주의 질서를 유지할 수 있는 수단이 합리적으로 계산되었고, 효율적인 관리를 위한 법안, 교육, 제도 등이 다급하게 고안되었다. 관료제 역시 규모의 경제를 효율적으로 조직할 수 있는 근대화의 산물이었다.

사회학자 조지 리처George Ritzer는 (효율성이라는 원리로 생산과정을 정비한) 모더니티 사회질서를 패스트푸드 체인점 맥도날드 공간에서 추론했다. 맥도날드 햄버거는 세계 어디서나 표준적으로 생산되고 유통된다. 그뿐 아니라 어느 지점에 가든지 외관부터 인테리어까지 비슷하게 보인다. 고객이 입장하고 햄버거, 튀긴 감자, 음료 등으로 구성된 세트 메뉴를 매뉴얼식 대화로 주문하고, 딱딱하고 고정된 의자에 앉아서 간단하게 식사를 마친다. 그런 뒤에 스스로 음식을 버린 다음 자리를 비운다. 업주의 시선으로 볼 때 고객은 예측이 쉬운 행동을 반복한다. 효율성의 원리를 합리적으로 작동시킬 수 있는 공간이다. 이제 무인 주문기계 키오스크가 사용되니 주문하는 행위마저 간단하게 통제된다.

리처는 맥도날드 같은 공간이 효율성, 계산 가능성, 예측 가능성, 자동화에 의한 통제와 같은 모더니티 원리로 작동된다고 보았다. 효율성은 최적의 방안을 투입해 최선의 효과를 얻고자 하는 원리다. 계산 가능성은 종업원이나 소비자의 심리나 행위를 수량화된 자료로 관리할 수 있다는 원리다. 숫자 정보는 제품이나 서비스를 셀 수 있는 대상으로 보도록 유도한다. 효율적인 시스템을 구축하고 수량화된 자료에 의존하면 업무나 산출물은 예측이 가능해지고 종업원과 고객의 행위를 통제할 수 있다. 모두 생산(자) 중심의 모더니티 원리다. 맥도날드 공간에 베버의 관료제가 적용된 것이나 다름없다.

맥도날드 같은 프랜차이즈뿐만이 아니다. 교육, 의료, 노동, 여행, 여가, 가정 등 모든 분야에서 베버식 관료제, 혹은 맥도날드화McDonaldization의 효율성 원리가 적용되었다. 접두어 'Mc'이 붙으면 효율적으로 변한다는 걸 의미한다. 모더니티나 Mc 가치는 우리가 살아가는 사회구조, 일상의 관례, 지식에 이점을 제공했고 지금도 우리 삶을 합리적으로 변화시키려고 한다. 그러나 효율적으로만 관리하고 그로부터 통제하고 이윤을 확보하는 시스템에 집착하면서 인간다움이 손상되는 문화도 생겼다. 베버도 지적한 것처럼 합리성만 지나치게 강조되면서 합리성의 비합리성irrationality of rationality 문제가 나타난 것이다.

맥도날드는 예쁘고 편리하지만 획일적인 곳이다. 효율적으로

한 끼 식사를 마칠 수 있는 세련된 곳이지만 자꾸 가고 싶진 않은 삭막한 곳이다. 결과에 집착하며 효율성을 강조할수록 비효율적인 상황도 생긴다. 숫자로 계산할 수 없거나 입력과 출력으로 예측할 수 없지만 여전히 중요한 것이 시스템에서 배제되기도 한다. 특수한 상황, 상호작용의 재미, 감정적 교류, 새로운 필요 등은 맥도날드식 관리에서 좀처럼 반영되기 힘들다.

효율성의 극대화,
맥커뮤니케이션 대화

　우리는 언어를 즉흥적이고 비효율적으로 사용하기도 한다. 그렇지만 모더니티 사회는 의식주 문화뿐 아니라 언어를 가르치고 평가하는 방식에도 효율성의 원리를 지배적으로 적용한다. 표준화 원리로 언어사용이 통제되기 시작했고 그와 같은 문화양식을 맥도날드식 의사소통, 즉 '맥커뮤니케이션 McCommunication'이라고 부른다. 언어위생화 verbal hygiene, 언어의 테크놀로지화 technologization, 스크립트 script 기반의 말하기 문화 혹은 미학적 속성만 강조하는 스타일링 styling, 그루밍 grooming 의사소통 양식과도 유사한 개념이다.

　수십만, 아니 수백만 명 수험자에게 동일한 절차와 내용의 시험이 획일적으로 시행되고, 객관적으로 채점하려고 애쓰며,

통제 가능한 수준에서 시험 결과가 보고되는 이유는 모더니티 원리가 관행적으로 작동하기 때문이다. 토익 성적은 대학의 영어특기자전형 자료가 된다. 재학생 모두 전공이나 졸업 이후 진로와 상관없이 영어졸업인증제를 충족하기 위해 토익 시험을 응시해야 한다. 어떤 취업준비생이라도 일단 토익 공부부터 한다. 모두 합리주의 기반의 맥커뮤니케이션 문화가 만든 관행이다.

2부 첫머리에 언급했던 교재나 시험에 나오는 대화 역시 맥커뮤니케이션 현상으로 이해할 수 있다. 대화를 가르치고, 배우고, 평가하는 현장에 효율성, 계산 가능성, 예측 가능성, 통제의 원리를 과도하게 투입한 것이다. 교육 현장에서 합리성 원리는 유익하게 적용될 수 있다. 그러나 표준적인 절차와 기술적인 전략으로 투입 대비 최선의 결과를 효율적으로 만들 수 있는 대화법에만 관심을 둔다면 모더니티 가치는 과장될 것이다. 합리성의 명분은 편리와 수익을 제공할 수 있지만 모든 문제의 해법이 될 수 없다.

제조 산업이 쇠락하고 서비스 산업의 규모가 커지면서 기업마다 언어 서비스로 수익을 키우는 방법을 고안하고 있다. 예쁘고 친절한 말, 효율적인 대화(교육)가 전례 없이 강조되고 있다. 깔끔하게 다듬어진 스크립트로 대화하는 요령이 어느 직무에서나 요구된다. 아나운서, 승무원, 콜센터 직원뿐만 아니라 서비스

직종에 있는 누구든, 말을 가르치고 배우는 누구든 친절하게 들리는 매뉴얼식 대화를 하도록 요구받는다. 말을 예쁘게 하는 언어노동자, 대화에 능숙한 감정노동자는 수익을 만드는 행위 주체가 된다.

학생, 공무원, 글로벌 인재, 이주민 등을 진학이나 취업 목적으로 선발하거나 자격을 부여하는 과정에서도 맥도날드화된 대화 양식이 요긴하게 사용된다. 관료적이고 통제적인 속성의 고부담 high-stakes 의사결정이 이루어지는 곳이라면, 자유롭고도 협력적인 대화를 굳이 가르칠 필요가 없다. 비용을 절감하고 행정적 편리성을 높일 목적이라면 이미 획일적으로 표준화된 대화(교육)를 바꾸지 않아도 된다. 합리주의를 맹신하는 사회적 관행은 뼈대만 앙상하게 남은 맥도날드화된 대화만 남겨둔다. 대화는 효율적이고 간결하고 예뻐진다. 그만큼 의미를 협상하도록 돕는 대화다운 대화의 모양은 소멸된다.

합리적일 뿐인
멀티미디어 콘텐츠 대화

맥도날드화 원리(효율성, 계산 가능성, 예측 가능성, 통제)가 대화를 가르치고 배우는 교육 콘텐츠에 어떻게 적용되어 있는지 살펴보자. 멀티미디어 영어교육 콘텐츠에 등장하는 맥커뮤니케이션 대화의 일부만 다뤄보고자 한다.

A사에서 출시된 말하기교육 콘텐츠는 인터넷 브라우저 이외에 별도의 설치 조건이 없으니, 누구나 사용할 수 있다. 미국 대학을 포함한 여러 도시 공간에서 미국인과 실제로 대화하는 모습을 촬영해 해당 영상을 학습자료로 사용했다. 콘텐츠 구매자의 영어 능숙도와 소재 선호도에 따라 기본 패턴, 실력 패턴, 뉴욕 편, LA 편, 아이비리그 편 등 다양한 대화 코스를 제공한다. 예를 들어 아이비리그 편을 클릭하면 자기소개, 학교 소개, 캠퍼스

라이프, 방과 후 활동 등으로 대화가 다시 구분되고 Repeat(반복하기), Dictation(받아쓰기), Speech(말해보기) 활동이 제공된다. Repeat 활동에서는 원어민 발화 중 특정 대목을 따라 읽고 녹음한다. Dictation 활동은 특정 문구를 학습자가 듣고 받아쓰는 것이다. Speech 활동은 사전에 준비된 질문을 학습자가 15초 동안 생각하고 30초 동안 대답하는 것이다. 5초가 지나도록 학습자가 아무것도 녹음하지 못하면 '실패'로 처리된다.

A사 콘텐츠의 대화교육은 화면에 나오는 누군가의 말을 따라 읽거나 대사를 듣고 지문의 빈칸을 채우는 활동이 대부분이다. 언제든 꺼내어 사용하고 소비할 수 있는 편의점 냉동식품처럼 제작된 것이다. 앞서 설명한 맥도날드화 원리에 관해 해당 콘텐츠를 비평하면 다음과 같다.

첫째, 대화 콘텐츠는 효율성의 원리로 제작되었지만 자연스럽고도 협상적인 대화를 가르치고 배울 수 있을지 의문이다. 절차의 효율성만 놓고 보면 학습자가 집에서도, 전철을 타고 다니면서도 공부할 수 있기에 비용과 시간을 절약할 수 있다. 새벽이나 밤에 공부해도 된다. 그렇지만 대화를 해보겠다고 작정하고 콘텐츠에 접속한 후 집중력을 발휘해 화면을 바라보며 혼자 공부하는 상황이 어색하게 보인다. 그렇게 화면 앞에서 진지하게 공부하면서 의미를 협상하는 대화를 제대로 배울 수 있을까?

내용의 효율성을 따져봐도 자연스러운 대화를 배우기 쉽지 않을 듯하다. A사 콘텐츠는 회화를 공부할 시간이 없는 수강생들이 해외에서 접할 수 있는 '가장 가능성 높은 상황'을 학습자료로 선정했다고 한다. 그러나 모두 제한적인 상황일 뿐이고, 이질적인 경험을 할 수밖에 없는 개인들에게 실제적인 도움을 제공할지 의문이다. 대화의 기술은 내용을 외워서는 감당할 수 없다. 무엇보다 맥도날드의 고객처럼 학습자가 알아서 해야 할 일이 너무 많다. 스스로 평가하고, 적절한 수준과 주제를 찾고, 의지적으로 학습에 집중하면서, 자신의 약점을 인지하고, 질문도 하며 추가적인 학습을 알아서 진행한다. 학습 결과를 점검하고 추가 학습의 필요를 판단한 뒤에 본인이 직접 콘텐츠를 결제해야 한다. 공급자 입장에서 보면 운영은 효율적이다. 콘텐츠 사용자도 대면 접촉도 없고 누가 간섭하지도 않으니 편리하다. 비용을 줄이고 시간도 아낄 수 있으니 효율성 원리는 잘 지켜진다. 그렇지만 수강생들은 과연 대화기술을 제대로 배울 수 있을까?

둘째, 계산 가능성이 강조되는 만큼 (즉흥적이고 산만할 수는 있지만) 서로를 배려하는 친밀한 대화는 사라졌다. 예를 들어 기본 패턴을 공부하겠다고 선택하면 총 4주 과정으로 구성되고 매주 패턴 20개를 학습해야 한다. 패턴 학습은 인풋과 아웃풋으로 나열되어 있다. 녹음된 발화는 원어민 발음과 비교되고, 얼마나 유사한지 정확성 수치도 나온다. 유사성 여부에 관한 피드백은 있지만 음성인식 기술이 적용된 프로그램은 아니다. 그렇게 계산된 수치가 웹 공간 밖에서 대화를 수행하는 과정에 얼마나 도움을 줄까? 별로 중요하지 않은 정보가 수치로 거창하게 전환된 것은 아닐까?

셋째, 예측 가능성의 원리로 제공된 대화를 실제로 할 기회가 있을 지도 의문이다. A사 콘텐츠에는 학습이 필요한 대화 상황이 합리적으로 예측되어 있다. 해당 상황에서 필요한 대화 대본이 사전에 선정되었다. '뉴욕에서 일어날 일'에 관한 상황이라면 거기서 필요한 수십 가지 '기본 패턴'과 심화 과정의 '실력 패턴'이 제시된다. 이렇게 구축된 시스템은 예측할 수 없는 대화 상황을 잘 대비시킬 것으로 보이지만, 실제로 우리 모두 경험했듯이 단순한 거래 수준이 아니라면 어떤 대화든 예측한 대로 흘러가지 않는다.

넷째, 통제적 원리 역시 합리적이지만 이상하게 보인다. 대화를 학습하는 공간에 수많은 메뉴와 화려한 이미지가 넘친다. 학습에 성실하게 참여할 것을 독려하는 목적으로 고객인 학습자에게 줄 배지나 아이템도 준비되어 있다. 웹에서 교환되는 상징적인 기호일 뿐이지만 받은 학습자는 기분이 좋다. 순위도 매겨지니 경쟁심이 고취되고 접속하고 싶은 동기도 부여된다. 긍정적인 후기를 남기면 소정의 상품도 준다.

그렇지만 후기 내용은 점검되고 통제되는 편이다. 이런 구조는 불편하고 무섭기도 하다. 대화는 누구나 어렵지 않게 학습할 수 있는 개방적인 의사소통 활동인데 닫힌 공간 안에서 학습자들이 엉뚱한 보상을 붙들게 하고 대화답지도 않은 대화에 전념시킨다. 학습자가 어떤 행동을 해야 할지 명백하면서도 암시적인 지침이 제공된다. 맥도날드 고객이 그러한 것처럼 콘텐츠 학습자들도 주어진 공간에서 제시된 규정을 당연한 것으로 인정하고 따를 뿐이다.

다른 멀티미디어 콘텐츠도 크게 다를 바 없다. 표준적인 교육과정이라고 해서 무조건 비판할 건 없다. 그러나 효율적인 운영에 집착하는 만큼 대화다운 대화의 속성은 소멸한다. 학습자는 웹에 혼자 접속해서, 듣고, 따라 읽고, 대화의 빈칸을 채우고, 녹음하고, 비교하고, 점검한다. 대화 활동은 원어민 발음과 계산 가능한 수준으로 비교되고 사전-사후 평가 결과로 관리된다.

모든 학습자 행위는 예측 가능하다고 전제된다. 투입을 관리하면 산출도 예측된다는 것은 합리적인 방안이지만, 대화를 하는 인간의 행위는 합리적으로만 설명할 수 없다. 오히려 효율적인 대화를 혼자서 말끔하게 숙지하고 시스템의 정해진 지침만 따르다 보면 협상적인 대화에 능동적으로 참여해야 하는 필요가 사라지게 된다.

대화다운 대화가 사라진
말하기시험

　지난 수십 년 동안 선발과 자격 검증 등의 고부담 의사결정을 위해 시행된 언어시험은 효율성, 계산 가능성, 예측 가능성, 통제의 원리로 고안된 사회적 도구다. 맥도날드화된 대화는 그와 같은 시험에서 지문이나 질문 형식으로 빈번하게 사용되고 있다. 대화 기반의 듣기 문항이 있는 토익만 해도 국내에서만 연간 200만 명 이상의 학생, 취업준비생, 직장인이 응시하고 있다. 토익 스피킹이나 오픽OPIc, Oral Proficiency Interview-computer 시험도 20여 년 전에 개발되어 누적 응시자 수가 500만 명이 넘는다. 학원뿐 아니라 대학의 교양영어 수업에서조차 관행적으로 이와 같은 시험을 준비시킨다. 말하기 공부란 건 이와 같은 시험준비일 뿐이다.

말하기시험 중에서도 오픽에서 발견되는 맥도날드화 원리를 간단하게 비평해 보겠다. 오픽 시험은 사전 질문으로 수험자의 일상적인 활동을 점검하고 그것을 기반으로 관련 대화를 유도한다. 간단한 역할극이 설정된 문항도 있다. 예를 들면 친구와의 저녁 약속이 있는데 갑자기 야근을 해야 해서 친구에게 다음에 보자고 전화를 거는 역할을 맡는다.

수험자는 컴퓨터 화면의 가상 인터뷰어와 마주하고 앉아 시험을 치른다. 마치 일대일로 대화하는 듯하지만, 화면 속의 화자는 수험자의 말에 별다른 반응을 보이지 않는다. 즉 협력적인 대화의 주체가 아니다. 화면을 바라보며 말하는 수험자 역시 대화의 주체라는 생각이 들지 않는다. 그들의 대화는 아무런 즐거움이 없다. 친밀함도 없다. 다시 만나고 싶은 마음도 없다. 이런저런 흥미로운 화제를 꺼낼 이유도 없다. 수험자는 효율적으로 응답하면서 좋은 성적을 얻고 싶을 뿐이다. 컴퓨터 앞에서 혼자 시연하는 역할극도 난감하다. 가짜 대화이고 일방적인 대화인데 역할극을 진짜라고 생각하고 그럴듯하게 말해야만 한다.

시험 환경은 일종의 시뮬레이션이다. 컴퓨터 화면에 등장하는 질문에 혼자서 응답하는 수험자의 모습이 낯설게 보인다. 실제 대화 상황과 너무나 다르다. 말은 겹치지 않고, 맞장구도 없고, 화제를 전환하거나 나중에 말을 더 보탤 방법도 없다. 대화의 진정성이 없으니 수험자는 사전에 외운 것에 의존하는 편이

낫다. 학원에서도 대본처럼 암기해서 준비하면 무난한 등급을 받을 수 있다고 가르친다. 시험장에서는 예상 질문과 모범답안을 시험 시작하기 바로 직전까지 암기하는 수험자들을 볼 수 있다. 슬픈 모습이다. 의미를 협상하고 대화하는 관계를 통해 말을 나눈다는 행위가 왜 이렇게 일그러져야만 할까? 그러한 시험이 개발되고 운영되는 명분인 효율성, 계산 가능성, 예측 가능성, 통제의 원리를 하나씩 비평해 보자.

우선 효율성은 시험을 만들고 시행하고 준비하는 모든 현장에서 인풋 대비 최선의 아웃풋을 도출하는 원리로 인식된다. 공급자는 시험 신청부터 성적 확인까지 효율성의 원리를 적용하려고 한다. 시험(결과)을 사용하는 학교나 기업에서는 비용과 시간을 절감하기 위해 하나의 시험만 인정하곤 한다. 비시험자료(예를 들어 포트폴리오)로 대체하는 것은 비효율적이다. 단 하나의 표준적인 시험을 모든 수험자가 보도록 하고, 수집된 시험결과를 비교하는 것이 행정 편의상 가장 효과적이다. 수험자가 화면에 제시되는 지시문이나 그림을 보고 1분 안팎의 짧은 시간 동안 말한다. 그리고 즉시 녹음되고, 저장되고, 온라인에서 채점자에게 전달된다. 말하기시험에서도 수험자는 '효율적으로' 점수를 획득하는 편법에 전념한다. 그만한 시험을 잘 대비시키는 학원 산업도 성행한다.

둘째, 말하기시험에서 계산 가능성의 원리에 집착할수록 대화다운 대화의 속성은 사라진다. 대개 말하기 유창성이 계량적인 등급이나 성적으로 관리될 때 계산이 쉽지 않은 말하기 속성은 문항, 채점, 결과 보고 시스템에서 제외되거나 축소된다. 의미협상적인 대화에서 늘 등장하는 침묵, 망설임, 어색한 삽입어 사용, 비원어민처럼 들리는 발음, 문법적이지 않거나 완결되지 않은 문장, 다른 화제로 전환하기 등은 결핍의 표지로 판단된다.

셋째, 동일한 지문, 동일한 질문, 동일한 응답 시간, 동일한 채점 기준 등으로 대화능력을 얼마나 예측할 수 있을까? 대화는 상황마다 다르게 감당해야 하는 의미협상적 행위다. 상황마다 목적과 관계성도 다르고 그에 따른 대화전략과 상호작용도 달라질 수밖에 없다. 그렇지만 시험에서는 어떻게 답변해야 할지 수험자가 쉽게 예측할 수 있다. 예측이 쉬운 말하기시험은 누가 더 빨리, 더 많이, 모범적인(예를 들어 원어민처럼) 발화를 하는지 측정하면 된다. 1부에서 살펴본 것처럼 대화는 얼마든지 예측할 수 없는 수준으로 구성되기도 한다. 그렇지만 시험의 공급자는 그와 같은 대화다운 대화의 속성을 문항이나 채점에 반영하지 않는다. 예측되지 않은 것으로 출제나 채점을 하고, 그걸 바탕으로 중요한 의사결정을 하면 수험자들이 당황하고 소송까지도 할 수 있기 때문이다.

넷째, 효율적으로, 계산 가능하고, 예측 가능한 원리에 집착하면 말하기시험은 결국 통제적인 시스템으로 기능한다. 시험의 공급자, 사용자, 수험자 모두 통제에 익숙해지면 의사소통, 말하기, 대화의 다른 속성을 찾지도 않는다. 표준화된 말하기시험의 위력이 커지면 시험장 밖의 말조차 매뉴얼로 교정되고 관리된다. 시험의 역류효과 washback effect도 부정적으로 축적된다. 말을 가르치고 배우고 사용하는 현장에서 시험에 나오는 대화에만 집착한다. 재미도 없지만 좋은 점수를 획득하기 위해 대화답지 않은 대화의 비법을 공부한다. 이러한 행위를 반복한 수험자는 자괴감에 빠진다. 그렇지만 모두가 그렇게 하니까 누구나 대화를 외우고, 대화를 분해하고 분석하면서 오직 답을 찾는 요령에 전념한다.

안타깝게도 취업과 진학을 위해 '일단 시험을 준비하고 봐야 하니까' 말하기시험에 관한 통제적 시스템에 사회적 다수가 자발적으로 복종한다. 자꾸만 협상적인 대화를 가르치고 배우고 사용하는 기회는 사라진다. 시험뿐 아니라 말에 관한 모든 행위가 매뉴얼로 관리된다. 음성인식, 인공지능, 무인기술 기반의 맥도날드화된 대화가 삶의 현장을 계속 지배한다. 말의 위기, 대화의 위기, 대화를 사용하는 인간성의 위기가 계속된다.

디즈니화된 맥도날드 공간, 영어마을

 모더니티의 과잉으로 자연스러운 대화의 속성이 일그러진 사례는 한때 전국에서 22곳이나 개설된 영어마을 현장에서도 발견된다. 너무나 합리적으로 운영되는 바람에 오히려 비합리적인 결과가 나타난 영어마을의 대화교육을 살펴보자.[10]

 언뜻 보면 영어마을의 대화는 맥도날드화뿐 아니라 '디즈니화Disnyfication, Disneyization' 문화현상으로도 설명할 수 있다. 어떠한 문화공간이 디즈니랜드 테마파크처럼 바뀌면 디즈니화된 것으로 본다. 맥도날드화가 표준화된 공간의 확장, 효율성의 최적화, 생산자 편의로부터 형성된 것이라면, 디즈니화는 표준의 변이성이 허락되고 미적 감각이나 이질적인 욕망이 강조되는 소비자 중심의 문화양식으로 볼 수 있다. 전통적인 대화교육은 대개 맥도날드화된 교육공간에서 맥커뮤니케이션 규범을 이해하고 연마하는 것이다. 그러나 디즈니화된 공간에 익숙한 언어학습자라면 미드(미국 드라마)나 유튜브 혹은 판타지 서사가 있는 교육 콘텐츠를 소비하면서 공부한다.

미혹된 기호와 상징이 소비재로 통용되는 멀티미디어 교육공간은 말할 것도 없고, 대면교육 현장(예를 들어 영어유치원이나 아이비리그 탐방 연수)에서도 디즈니화 경향이 나타난다. 그중에서도 가장 주목할 만한 디즈니화 공간은 2000년대 초반에 국내에서 폭발적으로 인기를 끈 영어마을이다.

영어마을을 왜 일상성을 전제한 (학교 밖의) '마을'로 기획한 것인지 의문이 남는다. 온전하게 마을로 기획된 것이라면 초대된 자들은 마을이라는 공간에서 다양한 대화자원을 자유롭게 활용할 수 있어야 했다. 그러나 학생들은 영어마을에서 여전히 맥도날드화된 대화를 공부해야만 했다. 표준영어와 스크립트 기반의 대화만을 엄중하게 학습하는 학교 수업과 다를 바가 없었다.

경관만으로 보면 영어마을은 '디즈니화된 공간'이다. 방문자들은 (세트장으로 만들긴 했지만) 비행기를 타고 공항에 내려서 새로운 나라와 마을로 들어간다. 마을에 있는 레스토랑도 가고, 호텔 같은 곳에서 체크인도 하고, 은행에 가서 영어마을 전용 EV English Village 달러를 바꾸기도 한다. 주로 초등학생이나 중학생들이 마을의 공식 언어인 영어를 사용하며 길게 머물거나 단기로도 체류한다. 어린 참가자들은 구경꾼이나 여행객처럼 (학교와는 다른) 영어 대화를 할 수 있다고 기대했을 것이다. 디즈니화된 공간이라면 산만하거나 즉흥적이더라도 자유롭게 말할 수 있어야 했다.

그러나 영어마을에 관한 문헌을 검토해 보면 그곳에서 사용하는 대화는 어린 학생들이 학교에서 교재로 배우고 시험으로 준비하는 것과 별 차이가 없었다. 소수의 학생이 어디선가 자유로운 대화를 시도했을지 모르지만, 마을의 원어민 교사는 교실에서 정해진 교재로 맥도날드화된 대화를 가르쳤다. 영어마을은 말끔하게 관리된 대화만을 사용하는 또 하나의 맥커뮤니케이션 공간이었다.

여행, 축제, 낯선 마을 같은 공간이라면 다양한 참여자들이 여러 모양의 대화를 자유롭게 시도할 수도 있다. 그러나 영어마을의 교사는 (미국식) 표준영어를 사용하는 원어민으로 제한되었다. 아이들의 발음은 교사에 의해 교정되었고, 심지어 한국어를 조금이라도 사용하면 'English-Only' 규칙을 위배했다는 이유로 벌금이 부과되기도 했다. 영어 사용을 '자연스럽게 경험하고 편안하게 사용할 수 있도록 배려하겠다'는 설립 의도와 달리 그곳은 말하고 싶은 것을 편안하게 말해보는 기회가 많지 않은, 그저 장소만 바뀐 또 하나의 교실일 뿐이었다.

대화를 가르치고 배우는 절차 역시 효율적이고 예측 가능한 수준으로 관리되었다. 학생들의 동선과 행위는 통제되었고, 사전-사후 평가로 인풋 대비 아웃풋이 매번 점검되었다. 영어마을에서 원어민 교사가 주도하는 교실 활동은 크게 셋으로 구분된다.[11] 첫째, 교사는 목표 어휘를 가르친다. 둘째, 상황별로 대화문을 가르치고 학생들이 교사 말을 따라 읽게끔 한다. 셋째, 짝이나 소집단으로 배운 표현을 복습하도록 하고 역할극을 하도록 지시한다. 마무리 활동과 평가까지 포함하면 마을에 참가한 어린 학생들은 교사가 가르친 대화만을 내내 듣거나, 따라 읽거나, 배운 것을 다시 연습만 한다. 교사는 주도적으로 말하고 지시하는 반면 학생들은 입을 다물고 경청할 뿐이며 말할 수 있는 기회조차 많지 않다. 의미협상적인 혹은 즉흥적인 대화는 드물게 나타날 뿐이다.

영어마을은 결국 '디즈니화된 맥도날드 공간'이었다. 또는 맥도날드화된 공간성을 벗어나지 못한 디즈니일 뿐이었다. 아이들은 편향적이고도 표준적인 대화문을 보고, 읽으며 모두 같은 말로 반복만 했다. 자율적이고 협상적으로 대화를 할 수 있는 기회와 과업이 더 마련되면 어땠을까? 영어마을은 외관만 화려했다. 낯선 풍경, 넘치는 기호자원, 복수의 언어들, 다양한 콘텐츠가 있었지만 맥도날드화된 대화만 허락된 지루한 공간이었다.

서투른 전략이 실패로, LG전자의 영어공용화

글로벌 기업인 LG전자는 2008년에 영어공용화를 선언했다.[12] LG전자 같은 큰 기업이 영어공용화를 시도한 것은 '한국에서 한국인의 한국어만의 단일언어사회'의 신화를 흔들 만한 사건이었다. 학교 단위도 아니고 대기업에서, 상용어도 아니고 공식어로 영어를 사용하는 상황이라면 '유연하면서도 협력적인 대화'가 등장할 수밖에 없다. 그런데 놀랍게도 LG전자의 영어공용화 현장에서도 맥도날드화된 대화는 굳건하게 자리를 지켰다.

세계화 담론이 형성되면서 국내 기업도 영어로 대화를 할 수 있는 사원을 선발하거나 영어를 사용하고 가르치는 사내 프로그램을 만들었다. 예를 들면 두산그룹은 오후 5~7시에 영어만 사용하는 'English Only Hours' 프로그램을 시작하고 모든 직원이 영어를 공용어처럼 사용하도록 유도했다. 한국어를 사용하면 벌금까지 내게 했다. 그러던 중에 LG전자가 2008년에 글로벌 기업의 변화·관리 전략으로 '한글이 사라진' 영어공용화 계획을 전격적으로 실행한 것이다.[13]

LG전자에서 영어공용화 계획이 공식적으로 논의된 시점은 2002년으로 알려져 있다. 글로벌 기업으로 성장하던 LG전자는 해외 현지 법인과 본사 사이의 의사소통을 개선하기 위해 영어를 공용어로 도입해야 한다고 판단했다. 기업 간의 경쟁이 심화하는 와중에 글로벌 기업으로 자리를 잡으려면 현지화 역량을 강화해야 할 필요성이 있었다. 한국어만으로 충분하지 않기 때문에 어디서든 영어로도 자유롭게 대화할 수 있는 직원들이 필요했다.

3단계로 구성된 영어공용화 시행안이 2002년에 서둘러 수립되었다. 1단계에서는 우수 사례를 영문으로 문서화하고, 본부장 주관 회의 등을 영어로 진행하거나, 해외 법인과 관련된 품의서를 영어로 처리하면서 영어공용화를 시행한다. 2단계에서는 해외법인과의 메일 수·발신을 영어로 수행하고, 사업부장 주관 회의도 영어로 하면서 영어공용화의 범위를 확대한다. 3단계로는 사내·해외 법인의 모든 품의서를 영어로 작성하고 게시판 문서를 작성할 때 한글과 영어를 혼용한다. 다급하게 만든 시행안이지만 부분적 적용이나 한글과 영어 혼용을 고려한 나름대로 유연한 언어계획안이었다.

2004년 김쌍수 부회장이 CEO로 취임하면서 영어공용화 계획은 본격적으로 실행되었다. 그는 '글로벌 기업에 맞게 2008년까지 영어를 공용어로 정착시켜야 한다'는 경영 목표를 제시했고 영어공용화를 기업 전체에 적용한다고 공표했다. 영어공용화를 실현하기 위한 목표로 '글로벌한 업무를 수행할 때 영어로 커뮤니케이션하며, 한국 내에서는 한국어를 사용'하는 유연한 전략도 언급했다. 한국어와 영어의 공존, 혹은 복수의 언어를 횡단적으로 사용할 수밖에 없는 실제적 상황을 고려했다.

그렇지만 영어공용화가 다양한 현장에서 실행되면서부터 효율성의 원리가 지배적으로 작동하기 시작했다. 전체 구성원 대상으로 영어(말하기)능력을 측정하고 기록하고 관리했다. 직군에 따라 직원의 토익 점수를 수집하고, 평균 점수를 산정한 다음에 상향 조정된 목표 점수를 제시했다. 토익 점수가 높지만, 영어로 소통할 수 없는 직원이 많다고 지적되자 YBM 시사에서 개발한 SEPT 영어말하기능력시험을 활용하기 시작했다. 10등급으로 구분되는 SEPT에서 2008년 기준으로 기업의 일반 구성원은 5등급, 마케팅 업무처럼 영어로 대화를 자주 하는 구성원은 7등급을 취득하도록 지시했다.

LG전자는 직원들 모두가 영어로 대화하는 것을 돕겠다는 취지로 교육과 평가 프로그램을 효율적으로 운영했다. 모든 직원은 사내에서 제공하는 어학교육에 참여해 SEPT 시험을 준비하고 응시해야만 했다. 출석률과 최종 성적은 엄격하게 관리되었다. 3개월 동안 출석률이 낮은 교육생에게 5~15만 원까지, 그리고 1개월 집중교육 과정에서 성적이 향상되지 않은 교육생에게 30~50만 원까지 벌금을 내게 했다. 시험 성적이 좋은 직원에게는 인센티브를 부여했다. 또 '영어센터ECC, English Communication Center' 조직을 신설해 본사와 해외 111개 법인 및 지사가 사용하는 'LG 표준영어'를 제시했고 인트라넷 환경에서 영어로만 소통하게끔 강제했다.

LG전자는 '한국어가 아닌' 혹은 '한국어 대신 사용하는 영어'를 사용하는 공용화 지침을 강조했다. 그리고 영어능력이나 대화능력은 수량화된 시험 점수로 관리했다. 그러나 토익이든 SEPT 말하기시험이든 맥커뮤니케이션 양식에서 벗어나지 않았고, 결국 2010년에 LG전자의 영어공용화는 기업 전체 규모에서 철회되었다.

영어공용화가 기획될 때만 해도 역동적이고도 협상적인 대화가 기업 현장에서 들릴 것으로 기대되었다. 하지만 안타깝게도 영어공용화 집행 과정 내내 표준적이고 단일한 영어, 효율적인 영어시험의 운용, 상벌제도를 기반으로 한 통제적인 지침만이 강조되었다. 업무에서 중요한 것은 실제적인 대화능력, 협력적인 의사소통능력이겠지만 맥커뮤니케이션 교육과 상벌제도로 관리되는 통제적 시스템으로는 도출되지 못했다.

당시 영어를 공용어로 실행한 다른 기업과 학교 공간을 분석해 보면 단 하나의 목표언어, 표준적인 언어능력, 합리적으로 운영되는 시험제도에 관한 당위가 넘친다. 그마저도 성급하게 상명하달로 지시된다. 한국어만을 지배적이면서도 단일하게 사용했던 공간에서 일상적인 (영어)대화부터라도 자연스럽고도 유연하게 사용했어야 할 텐데 그와 같은 시도는 없었다. 맥도날드화된 대화만 넘쳤다.

왠지 지루한
전화영어 대화

맥커뮤니케이션 양식이 선호되는 시대는 어느 매체에서든 합리성의 명분으로 대화가 간결해진다. 대화의 모양은 말끔하며 화자는 효율적으로 말해야 한다. 대화의 쓸모가 효율성의 원리로만 이해된다면 길게 의미를 협상하는 대화는 비효율적이라고 판단된다. 대화는 인풋을 효율적으로 투입해서 아웃풋을 산출하는 활동일 뿐이다. 난이도 순서로 차례대로 학습하고 초급에서 상급 능숙도로 향상될 수 있는 대상이기도 하다. 그렇게 대화가 합리적으로 관리되는 대상이 될 때 그걸 가르치고 배우고 사용하는 일상은 엄격하면서도 지루할 수밖에 없다.

전화영어로 대화를 가르치고 배우는 일상에 대해 한번 생각해 보자. 다음은 내가 전화영어와 대화교육에 관해 연구를 수행할 때 수집한 자료다. 당시 대학생이었던 연구 참여자는 고등학생 때 전화영어로 공부했던 자신의 모습을 아래와 같이 회상했다.

"따르릉따르릉"

어느새 11시다. 예약된 전화영어로 공부할 시간이다. 책장에 있는 전화영어 교재와 연필을 들고 전화를 기다린다. 오늘따라 너무 피곤해서 전화기를 들고 침대에 누워서 듣는다. 여느 때와 다름없이 전화기에서는 아리따운 목소리가 흘러나온다. 그리고 부럽기만 한 원어민의 말이 들려온다.
하루에 특정 상황에서 하는 여덟 마디 정도 되는 상황 영어를 배운다. 한번 듣고, 중요한 어구에 대한 문법을 공부한다. 그는 숙어나 to-부정사, 동명사 등 중요한 것을 짚어주며 왜 이렇게 해야 하는지 설명한다. 마지막으로 그런 설명을 염두에 두고 나오는 대화를 다시 반복해서 청취한다. 어느새 내 눈은 반쯤 감겨 있다. 정신은 몽롱해진 상태고 책은 보지 않고 누워서 천장만 보면서 전화기를 붙들고 있다. 사실 교재는 볼 필요도 없다. 듣고 있어도 다 아는 문법이고 대화에서 말하는 발음만 좀 익숙해지면 듣기평가에 도움이 되는 수준이다.
그리고 5분 정도 흐른 뒤 전화상으로 다섯 문항 정도 평가를 받는다. 세 문항은 수능 영어 1~12번까지 유형이고, 나머지

문항은 13~17번까지 유형이다. 평가는 기록에 매일 남고 듣기평가와도 연관성이 크기 때문에 집중해서 듣는 편이다. 그렇다고 문제를 푸는 것이 엄청나게 어려운 건 아니다. 패턴이 어느 정도 정해져 있기 때문이다. 무조건 책의 문제를 먼저 읽는다. 4번과 5번은 문항을 미리 읽어두어야 한다. 그러면 예상되는 대화 유형이 대충 파악되고 상상이 되는 상황을 감안해서 정답을 쉽게 고를 수 있기 때문이다.

일일 테스트가 시작된다. 대화의 첫 문장이 중요하다. 그리고 그에 따른 상대방 답변에서 대화 흐름의 대부분이 결정된다. 답을 알고 있는 나는 즉각 버튼을 누르고 다음 문제로 넘어간다. 그렇게 시시하게 다섯 문제를 풀고 예쁜 목소리의 선생님이 마무리하면 통화가 끊긴다. 시계를 본다. 7분을 넘지 않는다. 하루에 7분 투자. 기분이 그리 나쁘진 않다. 수능 영어 유형에 익숙해지고, 매일 뭔가 훈련을 받고 있다는 생각에 만족감도 있다. 실력에 큰 변화는 없지만 책과 함께 다른 듣기 교재도 있어서 이 프로그램에 만족한다.

3년이 지났고 나는 지금 대학에 다닌다. 대학생이 되어서 내가 고등학교 때 그토록 성실하게 해온 영어공부 방식에 회의감, 좌절, 아니 분노를 느낀다. 몇 년이나 전화영어나 수능영어로 대화를 공부했지만, 난 영어로 대화할 줄 모른다. 부끄럽고 답답하고 짜증이 난다. 수능에서 난 영어영역 만점을 맞았고 영문과 전공 대학생이다. 솔직히 말하면 전화영어를 지금도 하고 있다. 취업 준비 때문이다. 나 정도면 정말 꾸준하고 착실하게 공부한 건데 도대체 뭐가 문제일까.

어떤가? 전화영어는 분명 대화를 공부하는 효율적인 투자였다. 그런데 효율적으로 투자를 했는데도 왜 부끄럽거나 답답할까? 우리는 대화를 너무 효율적으로만 가르치고 배우려고 애쓴 것 아닐까? 전화영어 탓만 하는 것은 아니다. 영어 대화뿐만 아니라 사회적 다수는 한국어로도 대화가 불편하다고 한다. '대화가 통하지 않는다'고 어디서나 누구나 고민한다.

고독과 고립, 대립과 갈등은 극적으로 해결하기 힘들다. 결국 대화의 주체들이 협력적인 대화기술을 발휘하고 경청하며 합의 끝에 협상하는 회복력을 가져야만 한다. 우리가 영어든 한국어든 대화다운 대화법에 미숙하다면 맥커뮤니케이션 대화 양식에서부터 벗어나야 한다. 대화를 가르치고 배우는 현장마다 맥도날드화의 빗장을 풀어야 한다. 대화교육은 인문교육이 되어야 한다.

대화가 사라진
디스토피아 세상

 일터에서 매뉴얼을 읽듯이 말끔하게만 대화해야 한다고 상상해 보자. 우린 감정적인 소진을 느끼며 업무 스트레스를 받고 결국 일을 중단하거나 이직을 희망할 것이다. 합리주의의 과잉은 비합리적인 일터를 만든다.
 외식업체 직원을 대상으로 조사한 연구를 검토하면 다음과 같이 놀랍지도 않은 결과를 확인할 수 있다. 패밀리 레스토랑에 근무하는 대다수 근무자는 정서적 과부하, 즉 자기 내면과 밖으로 드러나는 감정노동의 괴리감을 경험하고 있다.[14] 70퍼센트가 넘는 연구 참여자가 고객을 맞이할 때 '억지로' 미소를 띠어야 할 것 같다고 응답했고, 66퍼센트가 고객에게 응대할 때 행복감을 드러내는 연기를 한다고 언급했다. 음식만 서빙하는 것이 아

니다. 그들은 자신의 정서적 자원을 동원하면서 표정, 동작, 감정, 말투 등을 상품의 가치로 전환하여 서빙한다.

은행의 경우 '고객(창구) 응대 표준 매뉴얼' 등을 개발하고 상황별 혹은 업무별 범주로 구분해서 고객을 응대하는 요령을 스크립트로 만들어 직원 교육에 활용한다. 그렇게 한다면 고객 관리의 효율성은 높아질 것이다. 그러나 관련 연구에 따르면 은행원은 고객으로부터 반말, 욕설, 부당 요구, 감정노동에 시달리고 있다.[15] 수모를 당하더라도 은행원이 사과해야 하는 경우가 다반사이며 그들의 감정노동 보호는 취약한 수준이다. 다른 연구문헌에서도 은행원이 겪는 정신적 피로, 감정 부조화, 심리적 소진, 자살 충동 등의 감정노동 후유증이 보고되고 있다.[16] 패밀리 레스토랑과 은행은 급여나 복지 등의 업무 환경이 다르지만, 효율적으로 관리되는 언어와 감정 기반 업무로부터 동일하게 고통을 겪고 있다.

승객과 대면으로 대화하며 소통해야만 하는 공항 종사자 혹은 승무원의 감정노동은 여러 미디어에서 자주 보도되었다. 10명 중 9명이 대화 중에 인격을 훼손당하며 감정적으로 고통받고 있다는 설문결과도 보도된 적이 있다. 다수 승무원은 대처할 마땅한 방법이 없기에 그냥 참고 지나간다. '손님은 왕'이라는 고정관념은 좀처럼 달라지지 않는다.

콜센터나 쇼핑 매장의 감정노동도 신문이나 방송에서 자주 보도되었다. 전화 통화를 하면서 일하거나, 쇼핑 매장에서 대면 판매를 하는 직원은 정신적 외상까지 호소할 만큼 대화노동의 업무가 고통스럽다고 한다. 폭력적인 대화의 희생자인 그들은 만성적 좌절감으로부터 고통받고서 직장 밖 어디선가 대화적 약자를 찾아 자신이 받은 고통을 되갚기도 한다. 맥커뮤니케이션, 감정노동, 정서적 부조화, 우울 증상, 자존감의 손상과 고통받는 삶은 그렇게 악순환으로 반복된다.

해외에서 오래 체류하다가 한국 대학으로 온 신입생이 나이 차이가 얼마 나지도 않는데도 선후배 사이에 엄격하게 지켜야 하는 대화 예절 때문에 혼이 났다는 미디어 기사를 보았다. 또는 퇴사와 이직의 가장 큰 이유로 대화를 나눌 때 존중받지 못한 느낌, 위계적인 의사소통 문화에서 받는 스트레스가 자주 언급된다. 효율성이 강조되는 대화법에 익숙하면서도 위계적이고 권위적인 의사소통 문화도 남아 있다. 삭막한 맥커뮤니케이션이 지배적인 관행이면서 꼰대식 위계질서까지 남아 있으니, 대화를 나누는 곳마다 오해와 불통, 혐오와 소외의 문제가 발생하지 않을 수 없다.

대화는 우리가 회복하고 성장할 수 있는 삶의 자원이다. 느슨하면서도 편안한 대화를 누군가와 나눌 수만 있어도 우리는 내리막과 골짜기의 시간을 견딜 수 있다. 그런 대화가 사라진다는 것은 끔찍한 일이다. 그만한 대화를 나눌 우리의 인간다움도 사라지기 때문이다. 대화다운 대화의 소멸은 삶의 상실이다. 끔찍한 디스토피아 언어사회의 전조 현상이다.

합리성의 환상만 품는
중독자의 심리

한국어든 영어든 대화를 효율적으로만 하려고 한다. 초등학생에게든 직장인에게든 대화교육에서 합리성의 도구를 가르칠 뿐이다. 대화를 가르치고 배우고 평가하는 활동을 두고 효율성의 원리에 강박적으로 집착한다면 그건 중독 상태나 다름없다. 대화, 대화하는 관계, 대화하는 상황과 목적에 관해 합리성의 환상만 품는 중독자의 심리다.

중독은 술이나 마약처럼 독성 물질에 의한 신체적 중독도 있지만 비물질 관련 장애도 포함된다. 즉 무언가에 정신적으로나 행위적으로 의존하는 상태도 중독이다. 영어 단어 'addiction'은 라틴어 어원 'addicene'에서 온 어휘이며 양도하거나 굴복한다는 의미를 지닌다. 잘 알려진 것처럼 중독자는 뇌의 보상체계가 강제로 작동하며 뇌 활동은 손상된 상태다. 자기통제에 실패하고, 중독된 대상에 계속적으로 의존하면서 신체나 정신의 기능이 마비되는 순서를 밟는다. 중독자는 우연이나 재미로 무언가를 탐닉한 것일 수 있지만 자신의 현실 세계를 벗어나려는 욕망이 작동한 것이기도 하다.

외국어로 대화를 공부하거나, 자신의 모어로 대화를 할 때 어떤 규범이 지나치게 의식되는가? 어리숙하거나 산만한 대화가 나오면 불편하거나 어색한가? 대화를 효율적으로 하지 못하면 창피하거나 무력감을 느끼는가? 그렇다면 이상한 심리 상태 아닐까? 1부에서 살펴본 것처럼 대화는 간단한 어휘와 문법만 알아도 누구나 자연스럽게 참여할 수 있는 구술활동이다. 서사, 논증, 발표, 토론과 다르다. 서로 협력하며 나누는 대화에서 그토록 불편하고 창피하고 무력감을 느낄 이유는 없다.

대화를 즐겁게 잘하고 싶은데 (심지어 성실하게 대화에 관한 공부도 했지만) 자신이 하는 대화는 늘 문제투성이로 느껴진다면, 자기가 뱉은 말이 '진짜'처럼 느껴지지 않는다면, 그건 대화라는 실체를 직면하고도 인정하지 않는 중독의 심리 상태다. 원어민의 간결하면서도 완벽한 대화를 모범처럼 붙들고 그걸 지나치게 의존하고 집착하는 것이다. 당연히 불필요한 불안과 고통이 생긴다.

성경 〈잠언〉 23장에 보면 술로 인해 중독된 삶이 다음과 같이 묘사되어 있다. "네 눈에는 괴이한 것이 보일 것이요. 네 마음은 구부러진 말을 할 것이며 (…) 네가 스스로 말하기를 사람이 나를 때려도 나는 아프지 아니하고 나를 상하게 하여도 내게 감각이 없도다. 내가 언제나 깰까 나를 때려도 나는 아프지 아니하고 나를 상하게 하여도 내게 감각이 없도다. 내가 언제나 깰까 다시 술을 찾겠다 하리라." 중독자에겐 당연한 모습이다. 술에 중독이 되면 '괴이한 것'과 '구부러진 말'에 대해 민감성이 사라진다. 때려도 아프지 않고 상하게 되어도 감각이 없다. 다시 술을 찾을 뿐이다.

　2부에서 살펴본 것처럼 우리 중 다수가 여러 현장에서 그만한 수준의 중독 상태에 빠져 있다. 냉동대화를 막연하게 소비하고 있다면 괴이하고 구부러진 언어에 분별력이 없는 것이다. 언어감수성이 있다면 대화를 통해 우린 아픈 존재가 되고, 상한 감정을 느끼게 될 것이다. 냉동대화, 모범대화에 무력감마저 느낀다면 대화적 감수성이 사라진 것이다. 그냥 하던 것이니 다시 공부하고, 불평하면서도 다시 암기한다. 마치 술이 깨자마자 말짱한 정신상태를 오래 유지하지도 못하고 다시 술을 찾는 중독자처럼 냉동대화를 다시 찾으며 귀한 삶의 자원을 허비한다. '내가 지금 무엇을 하고 있는 것이지?'라는 자성이 생기지만 습관처럼 다시 냉동대화를 찾는다.

　맥커뮤니케이션이 지배적인 의사소통 양식인 곳에서는 다수가 중독이나 폭력에 종속된 삶을 살 수 있다. 맥도날드화된 대화에 종속되면 우울함과 불안을 쉽게 느낄 수밖에 없고 중독성이 있는 물질(예를 들어 술, 온라인 게임, 쇼핑)에 탐닉하게 된다. 인간의 뇌는 지루하거나 불편하거나 불쾌한 것을 피하고, 새롭고 재미있으며 스스로 주도하는 것을 좋아한다. 매일 지루하고 불편하고 불쾌한 언어적 경험을 감당해야 하는 직원은 자신의 뇌에 즉각적인 자극과 긍정적인 보상을 주는 중독적 습관에 의존하곤 한다. 본인이 감수해야 하는 고립된 감정과 언어노동을 주변 타자에게 전가하기도 한다. 맥도날드화된 대화의 폐해는 그렇게 전 사회적으로 전염되고 확장된다.

맥도날드화된 대화에 관한 문제의식만 가질 뿐 아무 것도 하지 않을 수 없다. 대화다운 대화를 나누는 삶을 다시 찾아야 한다. 각자마다 온전한 대화기술을 다시 습득해야 한다. 일그러진 대화교육의 폐해는 여기서 마무리하고, 이제부터는 본격적으로 온전한 대화를 복원시키는 방안에 관해 얘기해 보도록 하자.

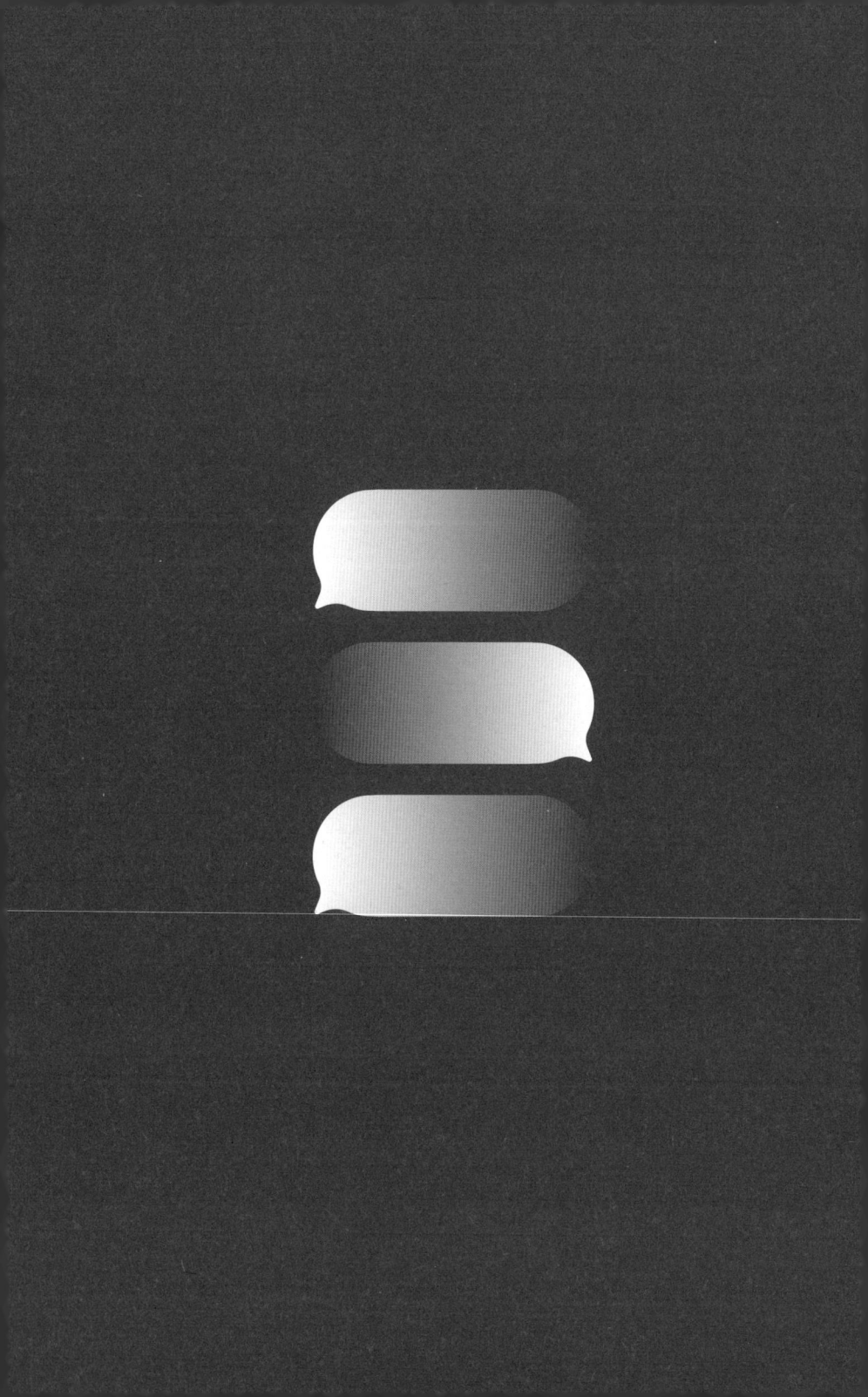

3부

다시 시작하는 대화기술의 습득

초급부터 최상급까지, 대화에도 단계가 있다

　비영리 기관이면서 미국뿐 아니라 세계적으로 외국어교육에 커다란 영향력을 끼친 ACTFL^{American Council on the Teaching of Foreign Languages}의 언어 능숙도 지침을 자세히 살펴보면서 대화능력, 대화기술, 대화교육의 필요를 알아보자. 영국, 캐나다, 호주 등 영어를 모어로 사용하는 국가에서 참조되고 있는 언어 능숙도 단계와 다소 차이는 있지만, ACTFL 등급은 언어발달의 기본적인 속성을 이해하기에 무난한 참고 자료다. 나는 ACTFL 기관의 공식 평가자이기도 했고 ACTFL 한국위원회의 위원장으로도 활동했기 때문에 해당 지침을 잘 숙지하고 있다.
　ACTFL의 언어 능숙도는 언어를 실제로 사용할 수 있는 능력을 가르치고 배우고 평가하는 현장을 돕기 위해 마련된 것이다.

대면 상황에서 말하기, 듣기, 읽기, 쓰기 능숙도를 추론할 수 있는 평가 절차와 내용이 등급별로 제시되었다. 오픽 시험이 국내에서 시행되면서 자주 소개되었고, 2022년부터는 미국 ETS가 주관하는 토익 스피킹 시험에서도 성적을 산출하는 기준이자 등급으로 활용되고 있다. 인터뷰 형식의 대화로만 구술능력을 추론하는 OPI[Oral Proficiency Interview]나 컴퓨터 화면 앞에서 홀로 응답하는 오픽 시험의 절차는 비판되어야 마땅하지만, ACTFL의 능숙도 단계는 대화교육을 기획하면서 참고할 여지가 많다. 미국에서도 유치원부터 고등학교까지, 혹은 학교나 직장의 외국어교육에서 언어 능숙도 단계를 판단하는 지침으로 참조되고 있다.[17]

   말하기능력만 놓고 보면 ACTFL 등급은 크게 초급[Novice], 중급[Intermediate], 상급[Advanced], 최상급[Superior]으로 구분된다. 모든 장르의 말하기를 구체적이면서도 추상적으로, 서사뿐 아니라 논증까지도 복잡하게 감당할 수 있는 최고[Distinguished] 단계는 (ACTFL 지침에 설정되어 있지만) 학습 목표로 굳이 설정될 필요가 없어서 여기선 다루지 않겠다. 또한 주요 등급마다 상[high]-중[mid]-하[low]와 같은 세부 등급으로 구분될 수도 있지만 여기서는 대화기술의 습득에 비중을 두기 위해서 초급-중급-상급-최상급의 차이만 설명하겠다.

스토리텔러가 되기까지

단편적인 정보를 나열하는 'Information Lister(정보 나열자)'는 말하기 능숙도의 초급 단계다. 제한적으로 학습한 단어나 문장으로 정보를 나열하는 수준에서 소통한다. 익숙한 관계에서 상대방의 배려로 균형적인 대화를 만들 수 있지만 제한적인 형태의 구문을 사용할 뿐이다. 상대방에게 들은 정보에 의존해야 한다. 침묵, 망설임, 부정확한 발음, 불완전한 문장이 수시로 등장한다. 그러나 비언어적 자원이 적극적으로 활용되면 대화는 얼마든지 유지될 수 있다.

초급 학습자라고 혼자서 어휘와 문법 학습만 붙들면 안 된다. 다양한 대화 상황에 참여하면서 일상적인 소재에 관해 협상적인 대화를 꾸준히 경험할 때만 중급 수준의 능숙도에 도달할 수 있다. 초급 수준이라고 결핍과 문제만 주목하지 말아야 한다. 초급은 새로운 언어로 대화기술을 배워가는 흥미와 모험 가득한 학습 단계다.

중급 능숙도 수준이라면 협력적인 대화에 참여할 수 있는 'Sentence Creator(문장 창조자)'다. 집, 동네, 학교, 직장, 취미 등 일상적이고 익숙한 소재라면 자유롭게 대화에 필요한 문장을 창조할 수 있다. 얼마든지 질문할 수 있고 대답할 수 있다. 자신이나 상대방 말을 수정하기도 하고 화제를 바꿀 수 있다. 초급 화자가 암기하다시피 한 문장이나 상대방이 제공하는 정보에 의존하면서 대화를 겨우 유지했다면, 중급 화자는 드디어 대화의 창조자가 된 셈이다.

중급 수준의 능숙도를 갖추려면 학습자는 즉흥적으로 문장을 생성하는 연습이 필요하다. 예를 들면 영어를 배우는 학생들에게 'fortunately(다행스럽게)'와 'unfortunately(유감스럽게도)'를 문장 맨 앞에 번갈아 두고 말 차례를 교환하며 대화를 연결하게 하는 연습이 있다. 누군가 "I get up early today(난 오늘 일찍 일어났어요)"라고 문장을 시작하면 다음과 같이 즉흥적으로 대화 내용이 이어진다.

A : Fortunately, I feel good.
다행스럽게도 오늘 느낌이 좋아요.

B : Unfortunately, we have an exam today.
유감스럽게 오늘 시험이 있어요.

C : Fortunately, the exam is delayed.
다행스럽게 그 시험이 연기됩니다.

D : Unfortunately, we have to take the exam tomorrow.
유감스럽게도 내일 그 시험을 봐야 합니다.

(…)

중급 수준의 능숙도에서 얼마든지 결핍이나 문제점이 지적될 수 있다. 영어를 어릴 때부터 사용하지 않았다면 과거-현재-미래, 혹은 완료형-진행형 등의 동사(시제) 형태를 일관적으로 사용하지 못한다. 대화 분량은 많지만, 문장들 사이의 결속력이나 상황과 사건을 연결하는 주제 일관성이 불분명할 수 있다. 묘사하고 서술할 때 적절한 어휘를 선택하지 못하고, 감정이나 주장이 섬세하게 드러나지 못할 때도 많다. 그런데도 중급 수준의 화자라면 다양한 대화에 거뜬하게 참여할 수 있다. 구문 유형과 어휘를 충분히 학습해 두었으니 대화에서 문장을 창조적으로 배열할 수 있다. 달리 말하면 대화를 만들 수 있는 충분한 밑천이 있는 셈이다.

상급 능숙도 수준이라면 스토리도 길게 이어갈 수 있다. 상급 화자는 흔히 'Storyteller(스토리텔러)'라고 불린다. 사람, 사물, 상황을 구체적으로 묘사하거나, 사건을 처음-중간-끝으로 구분하여 서술할 수 있다. 익숙한 상황뿐만 아니라 복잡하고 낯선 대화의 맥락(예를 들어 직접 목격한 교통사고를 경찰에 보고할 때)에서도 자신이 말하고 싶은 내용을 성공적으로 전달할 수 있다. 중급 수준에서 상대방과 협상적인 대화자가 되는 것이라면 상급 수준에서는 말하고 싶은 것을 얼마든지 자세하게 부연할 수 있는 대화자가 된다. 과거-현재-미래와 같은 시제까지도 잘 구분할 수 있다. 시간 순서대로 혹은 원인-결과 관계처럼 응집력을 갖춘 구조로 말할 수 있다.

 스토리텔러도 대화기술이 중요하다. 청자의 필요와 반응을 살피지 않고서는 스토리가 일방적으로 전달되기 때문이다. 스토리텔러 대화자는 상대편과 공조하면서 서술하는 내용과 방식을 수정하고, 천천히 다시 말하고, 적절한 어휘를 찾거나, 화제를 바꾸기도 한다.

디베이터의 꿈은 이루어질 수 있을까

 국내 영어학습자는 좀처럼 상급 수준으로 진입하지 못한다. 오픽, 토익 스피킹 시험에서 상급 판정을 받더라도 제한적이고 일방적인 말하기 상황에서 측정된 결과일 뿐이다. 내 경험상 ACTFL 능숙도 지침으로 대면 면접을 해보면 상급 판정을 받은 다수는 중급 수준의 화자였다. 대화는 할 수 있지만 스토리텔러 대화자는 아니었다.

 최상급의 능숙도라면 스토리를 텔링하는 수준을 뛰어넘어 전문적인 주제에 관해 발표하고, 쟁점을 두고 논술할 수 있다. 이제 '디베이터Debater(토론자)'가 된 것이다. 어떤 논점이라도 가설, 논거, 자료 예시를 활용하여 주장하거나 반박한다. 이렇게 서사뿐 아니라 논증까지 대화할 수 있는 수준은 원어민이라고 당연하게 보장되는 능숙도가 아니다. 정치, 경제, 사회, 문화, 교육, 예술, 환경 등에 관해 추상적이고도 복잡한 주제를 말하려면 여러 분야에서 전문적인 지식도 사전에 습득되어야 한다.

디베이터가 되려면 상급 수준에서 스토리를 텔링하는 역량부터 학습해야만 한다. 스토리텔링 대화로 길게 말하기long-run talk를 온전하게 학습하지도 못하고서 갑자기 능숙한 토론자가 될 수 없기 때문이다. 많은 대학생이나 직장인이 협상적인 대화를 충분하게 학습하지도 않은 채 (말하기능력을 키우겠다며) 성급하게 CNN 뉴스를 듣거나 영어토론반에서 공부한다. 그러나 대화기술이 중급 수준에서 멈춰 있다면 스토리텔링 대화가 학습되지 않은 것이니 발표와 토론과 같은 최상급 수준의 말하기를 온전하게 감당하기 힘들다. 잠시 멈추고, 응시하고, 의성어를 사용하고, 다른 말을 찾아보고, 다시 천천히 말하는 중급 수준의 대화기술은 스토리텔링, 발표, 토론에서 계속 적용되고 연마되어야 한다.

대화기술은 언어발달의 어떤 단계에서든 중요하다. 언어를 가르치는 현장에서는 학생들이 파닉스부터 집중적으로 학습하고, 그다음은 어휘와 문법을 공부한 후에야 대화를 배우게 한다. 그러나 초급 수준이라고 발음, 어휘, 문법만 공부해선 안 된다. 제한된 자원만으로도 대화하는 경험이 필요하다. 그래야만 '대화하는 나'의 정체성이 만들어진다. 스토리를 텔링하는 상급 과업, 발표와 토론을 감당하는 최상급 과업에서도 마찬가지다. 초·중급 수준에서부터 연마한 의미협상적인 대화기술이 빛을 발하는 건 내가 스토리로 전하고 발표나 토론을 감당할 때다.

마치 스크립트를 보고 암기하듯이 말하는 스토리텔러도 있다. 막힘없이 속사포처럼 말하는 디베이터도 있다. 그렇지만 그런 모습은 우리가 대화를 배울 때 본보기로 삼아야 할 건 아니다. 오히려 우리는 천천히 말하고, 멈추었다가, 다르게 말해보고, 상대방에게 물어보고, 들어보고 다시 수정해서 말하고, 할 말이 막히면 표정이나 몸짓으로 표현하고, 혹은 주위 사물을 지시하고 배경지식을 활용하면서 대화하는 기술을 사용해야 한다. 다양한 말하기 환경에서 우리는 스크립트를 참고할 수도 있고, 외워서 말할 때도 있다. 그렇지만 대화기술을 온전히 학습하지도 않으면서 자꾸만 스크립트나 암기한 내용에 의존한다면 상급 수준으로의 언어발달은 중단될 수밖에 없다.

자신이 지금 어떤 수준의 대화자라고 생각하는가? 간단하게 다음과 같이 몇 가지 질문만으로 진단해 볼 수 있다. 첫째, 대화를 통해 자신의 필요를 충족시킬 수 있는가? 잘 아는 어휘나 문장 표현으로 간단한 의미를 전달할 수 있는가? 그렇다면 초급 수준의 '정보 나열자'다. 둘째, 친밀하고 일상적인 대화 환경에서 질문과 대답을 얼마든지 감당할 수 있고 화제를 전환하면서 자연스럽게 문장들을 나열할 수 있는가? 그렇다면 이미 중급 수준의 '문장 창조자'다. 셋째, 낯설거나 복잡한 대화 상황에서 인물, 사물, 상황을 자세하게 묘사하거나 스토리로 사건을 서술할 수 있는가? 그렇다면 상급 수준의 '스토리텔러' 대화자다. 넷째, 시사적이거나 추상적인 화제조차 구체적인 논거와 예시로부터 논증적인 말하기를 감당할 수 있는가? 그렇다면 최상급 수준의 '디베이터'다.

'미운 네 살'을 만드는
대화기술

　한 살쯤 걸음마를 시작한 아기가 만 세 살에 (엄마의 언어인) 모어를 배워서 협상적인 대화에 능숙하게 참여하는 과정이 참으로 놀랍고 신비롭다. 자녀나 조카의 성장을 지켜본 사람이라면 대부분 알겠지만, 아이는 수백 가지가 넘는 어휘를 사용하면서 문장 유형을 창의적으로 조합하기 시작한다. '미운 네 살'이 되는 건 이러한 대화기술 덕분이다. 아이들은 능청스럽게 대화 상황에서 스토리를 만들고 감정을 표현하고 자신만의 주장도 드러낸다.

　여기서는 유치원에 다니는 원생들이 대화를 어떻게 배우고 사용하는지 살펴볼 것이다. 균형적이고도 상호협력적인 대화는 유치원 공간에서도 쉽게 발견된다. 다음 대화 예시[18]만 보더라도 유치원 미술교사와 원생들이 협상적인 대화를 능숙하게 구성하고 있다. 말 차례가 교환되고 내용이 수정되는 것만 봐도 협력적인 대화가 구성되고 있음을 쉽게 알 수 있다.

교사 : 동그라미를 이용해서 그림을 그릴 거야.
예은 : 선생님, 동그라미 두 개 붙여서 눈사람 할래요.
교사 : 그래, 동그라미를 오리지 않고 그대로 도화지에 붙여서 꾸며도 되고, 잘라서 꾸밀 수도 있어.
정완 : 해 만들어야지. 이건 달이야. 보름달이 떴어.
윤수 : (동그라미를 그대로 이용해서 자동차 바퀴, 눈사람을 꾸몄다)
교사 : 윤수야, 동그라미를 반으로 자르거나 자른 것을 또 반으로 자르면 어떤 모양이 나올까?
윤수 : (동그라미 모양의 종이를 하나 집어 반으로 자른다. 자른 반원을 자동차의 앞부분에 붙인다)
교사 : 자동차 앞에 붙였네.
윤수 : 자동차 범퍼예요. 뚱뚱하게 됐다.
원호 : 선생님, 선풍기예요. (날개 부분만 표현한다)
교사 : 선풍기 날개구나. 선풍기는 날개만 있을까?
원호 : (잠깐 생각한 후 선풍기의 다른 부분도 그린다)

교사는 예은, 정완, 원호, 윤수에 둘러싸여서 대화를 나누고 있다. 아이들은 교사 말을 잘 이해하고 있으며 교사와 말 차례를 교환하면서 의미를 적극적으로 보태고 재구성한다. 발화 분량만 봐도 균형적인 대화로 보인다. 교사가 말하면 아이들이 한 마디씩 보태는 모습이 참 귀엽다. 대화 상황에서 서로 인격적인 주체로 존중받는다.

대화하는 주체로 아이들이 무언가를 의도적으로 전달하려는 목표지향성도 보인다. 스스로 즉흥적인 어휘를 선택하고 감정을 전하고 사물도 다시 묘사한다. 예은은 동그라미를 두 개 붙여서 '눈사람'을 만든다고 하고, 정완은 '해'와 '달'을 언급한다. 윤수는 '자동차 바퀴', 원호는 '선풍기 날개'를 만든다고 한다. 대화는 스크립트에 의존된 것도 아니고 교재를 통해 사전에 숙지한 것도 아니다. 선생님이 "동그라미를 이용해서 그림을 그릴 거야"라고 말할 때 아이들이 즉흥적으로 다음과 같이 예측이 쉽지 않은 말을 보탠다. "눈사람을 만들래요.", "해를 만들어야지.", "보름달이 떴어.", "자동차 범퍼가 뚱뚱하게 됐다.", "선풍기예요." 2부에서 살펴본 맥도날드화된 대화의 속성과 다르다.

다음은 암각화를 배우는 수업에서 원생들과 교사가 나눈 대화다.[19] 다섯 살의 원생들이 돌이나 금속제 도구를 이용해서 표면을 쪼아내거나 그림을 그리면서 동물과 같은 문양을 새긴다. 교사의 시연을 보고 아이들이 뭔가 그리려고 애쓰는 중에 선우가 손가락에 힘을 주다가 방귀를 뀐다. 모두 크게 웃으며 대화가 다시 시작된다.

> 희준 : 선생님, 선우가 방귀 뀌었어요. 하하하.
> 선우 : (무안한 표정으로 친구들의 얼굴만 이리저리 쳐다본다)
> 교사 : 선우가 왜 방귀 뀌었는지 알아? 돌멩이 가지고 아주 세게 그림을 그리다가 방귀가 나왔다.
> 모두 : (크게 웃는다)
> 진성 : 여기(시연으로 본 것) 이 사람도 방귀 엄청 뀌었겠다.
> 모두 : (크게 웃는다)
> 수현 : 우리 아빠도 방귀 많이 뀌는데….
> 모두 : (크게 웃는다)

아이들은 손동작, 방귀 소리, 웃음을 보태며 교사와 함께 대화에 구성하는 주체가 된다. 말 차례를 누구나 가질 수 있고 화제도 전환할 수 있다. 아이들이 참여하는 대화가 참 예쁘고 자연스럽다. 아이들은 이와 같은 대화 상황을 경험하면서 초급을 지나 중급 수준의 대화자로 성장한다. 여기에 꽁꽁 얼어붙은 매뉴얼 대화, 맥도날드화된 대화는 없다.

아이들이 즐겨보는 애니메이션 콘텐츠를 봐도 비슷한 대화가 등장한다. 큰 사랑을 받아 전 세계에 수출된 애니메이션 〈뽀롱 뽀롱 뽀로로〉에 나오는 대화를 보라. 뽀로로, 크롱, 포비, 에디, 루피 모두 다양한 대화자원을 활용하는데, 그중에서도 초록빛의 공룡 크롱은 "크롱"이라는 말만 반복하면서 대화에 능숙하게 참여하고 있다.

뽀로로 : (도미노가 쓰러져 농구공에 맞은 뽀로로) 크롱 너 자꾸 장난칠래? 농구공에 맞으면 얼마나 아픈지 알아?
크롱 : 크롱! (테이블 위 상자로 이동)
뽀로로 : 크롱 너 또 장난치려고 상자 갖다 놓은 거야?
크롱 : 크롱 크롱! (상자에서 물감 터짐)
뽀로로 : 크롱 너! 또 거짓말하는 거야? 이 말썽꾸러기야!
크롱 : 크롱 크롱 크롱 크롱 크롱! (화를 내며 집을 나가는 크롱)
뽀로로 : 크롱 어디 갔지? 내가 너무 심했나?
크롱 : (루피 집에서 만난 크롱과 뽀로로) 크롱
뽀로로 : 흥
포비 : 둘이 무슨 일이야? 뽀로로 얼굴은 왜 그래?
뽀로로 : 크롱이 갖다 놓은 상자가 터져서 이렇게 된 거야!
크롱 : 크롱 크롱 크롱 크롱 크롱 크롱 크롱 크롱 크롱! (에디가 상자를 갖다 놓은 것이라고 고백)
뽀로로 : 미안해 크롱. 내가 오해했어.

크롱: 크롱!
포비, 루피: 둘이 화해해 이제!
크롱: 크롱!

 1부에서 소개한 그루트나 깐돌이의 대화처럼 크롱은 뽀로로와 말 차례를 태연하게 교환하며 의미를 협상한다. 크롱은 인간 언어를 사용하지 않지만, 자신만의 대화기술로 감정과 의견을 전한다. '크롱'은 비슷하게 들리는 모노톤의 발화가 아니며 조금씩 다르게 들린다. 강세가 다르게 주어지며 접두사와 접요사가 반복되면서 중첩의 형태인 크로로크로로^{CroroCroro}, 크로로루-앙$^{Crororoo\text{-}ooong}$으로, 혹은 접미사가 생략되고 웃음을 표현하는 형태인 크로헤헤^{Crhehe}로 들리기도 한다. 이런 식의 대화법이 〈뽀롱뽀롱 뽀로로〉에서만 나오는 것은 아니다. 또 다른 애니메이션 〈포켓몬스터〉를 봐도 지우, 웅이, 이슬과 대화를 나누는 피카츄는 제한된 어휘를 사용하지만 "삐… 삐까삐", "삐까삐", "삐까" 등 조금씩 다른 발성으로 대화에 참여한다.
 이와 같은 대화기술을 가진 캐릭터는 어느 매체에서나 빈번하게 등장하고 인기도 높다. 우리는 크롱이나 피카츄를 문제가 많은 의사소통 주체로 인식하는가? 제작자나 콘텐츠 공급자는 그들을 결핍된 존재로 설정할까? 전혀 그렇지 않다. 초·중급 수준에서 어린아이일 때나 대화를 처음 배우는 주체에게도 이와 같은 모습이 자주 드러난다. 이건 대화를 배우고 사용하는 자연스러운 발달 과정일 뿐이다.

언어발달을 방해하는 영어유치원

　아이들은 정말 손쉽게 말과 글을 배울까? 목표언어에 일찍 노출만 시키면 아이들은 거뜬하게 무슨 말이든 적절하게 잘 사용할 수 있을까? '어릴 때는 호기심과 탐구심이 강하니까', '동료집단에서 놀이를 통해 재밌게 배울 수 있으니까', 혹은 '자의식이 형성되기 전이고 불안감이 낮으니까' 어떤 언어든 쉽게 통달할 수 있을까?

　물론 아이들이 어른보다 대화를 빨리 습득하곤 한다. 초등학교에 입학하기 3~4년 전부터 아이들은 다양한 대화기술을 본격적으로 배우기 시작하며 대화를 통해 의미협상을 감당할 수 있다. 언어발달 단계로 보면 초급에서 중급 학습자로 훌쩍 성장하는 때이기도 하다. 그렇지만 한국어든 영어든 아이들의 언어발달 단계가 고려되어야 하며 자연스럽게 협력할 수 있는 대화 상황이 반드시 허락되어야 한다.

한국어 사용을 금지하고 영어로만 수업을 진행하는 유치원이 많다. 영어유치원마다 운영이 조금씩 다르지만 대개 원어민 교사를 고용하고 영어로만 수업을 한다. 한국인 교사는 원어민 교사와 협력하지만, 상담이나 보조 역할을 맡는 편이다. 어떤 영어유치원은 입학도 쉽지 않아서 36개월이 된 원아가 필기시험을 보기도 하고 원어민 선생님과 면담해서 학업능력을 진단받기도 한다. 영어를 이미 잘해서 영어유치원에 오기도 하지만 영어를 잘 배우려고 오는 아이들도 많다. 수학, 과학, 사회, 미술, 음악, 체육 활동도 있는데 모두 영어로 진행된다.

영어유치원에서 구한 아래 두 대화[20] 중에서 첫 번째 상황은 다음과 같다. 원어민 선생님이 교재에 나온 TV를 색칠하라고 지시하고 원아들이 반응한다. 먼저 TV 색칠을 마친 N이 친구 M에게 가서 왜 TV 색깔이 다르냐고 묻는다. M은 뭔가 이상하다는 걸 알아채고 TV를 검은색으로 칠하기 시작한다.

T : I want you to color the TV.
　 TV를 색칠하렴.

N : (교사에게) I'm finished.

> 난 마쳤어요.
>
> (M을 부르며 자리에서 일어나 걸어간다. M에게 틀린 부분을 가리키며) What are you yellow and brown?
> 너 왜 노란색과 갈색으로 칠했어?
>
> M : (아무 말도 없이 손으로 머리를 만지며 검은색으로 색칠함)

두 번째 대화 상황에서는 선생님이 그림에 있는 빌딩이나 개를 비교해서 더 긴 것에 동그라미를 그리라고 지시한다. U가 마쳤다고 하는데 Y가 그걸 보며 동그라미를 다른 곳에 표시해야 한다고 알려준다. U는 말없이 교재에 동그라미를 그리고 Y도 자신이 하던 걸 다시 본다.

> T : OK. Look at the picture. There are TWO buildings, TWO trees, TWO dogs. Everything is two. I want you to draw a circle on the taller one. Can you do it?
> 자, 그림을 보세요. 두 빌딩이 있어요. 나무 두 그루, 개 두 마리. 모든 게 둘이에요. 여러분이 더 긴 것에 동그라미를 표시해 보세요. 할 수 있어요?
>
> U : (책을 들어 교사에게 보여주며) Teacher, I am finished.
> 선생님, 마쳤어요.
>
> Y : (U의 책을 가리키며) No, this is circle.

> 아니야, 이게 동그라미지.
>
> U : (말없이 책에 동그라미를 그림)
>
> Y : (다시 자신의 책을 봄)

아이들이 그림을 그리며 혼자서 조용하게 공부하는 위와 같은 대화 상황이 자연스럽게 보이는가? 내가 보기엔 그렇지 않다. 교사와 아이들, 그리고 아이들끼리의 상호작용이 너무나도 빈곤하다. 말도 제대로 못 하면서 색칠을 하거나 책을 붙들고 있는 어린아이들의 모습이 안쓰럽다. 해당 현장을 직접 목격한 건 아니지만 대화 내용만 놓고 보더라도 아이들은 교재로만 공부하고, 교사 지시를 따르면서 수동적으로 학습하고 있다. 수능 시험을 준비하는 고등학생도 아니고 아이들이 서로 다르게 보유한 대화자원을 왜 자유롭게 사용하지 못할까? 아이들의 입이 왜 저토록 닫혀만 있을까?[21]

영어를 조금 더 잘하는 원아가 교사의 지시를 빨리 알아차리고 과업을 서둘러 수행한 후에 다른 원아에게 도움을 주거나 간섭할 수 있다. 그만한 나이의 아이들에게서 쉽게 관찰되는 모습이다. 틀렸다고 지적할 수도 있고 과업을 도와줄 수 있다. 그렇지만 영어만 강제하는 수업이고 아이들이 영어를 잘 사용해야 한다는 자의식을 너무 일찍 갖게 된 탓도 있다. 아이들에게는 영어보다 대화가 더 중요하다. 대화 주체로서의 인격성이 충분히 배려되지 않으면 어린 나이부터 언어(영어)에 주눅이 든 정체성이 커진다.

  대화를 어린 나이부터 제대로 배우지 못하면 중고등학생이나 대학생, 심지어 직장인이 되어서도 대화는 어렵기만 하다. 영어를 평생 공부해도 대화의 주체가 되지 못한다. 혼자서 듣고, 혼자서 추론하고, 혼자서 서둘러 시작하거나, 아무 말도 하지 못하다가 과업을 홀로 수정하고 급히 종료한다. 이러한 패턴의 학습에 익숙해지면 일단 무언가를 말해보고, 서로 호응하고, 수정하고, 멈추었다가, 다시 함께 말하고, 협상하는 역동적인 대화를 배우지 못한다.

조기영어교육이
간과하는 것

    자신의 모어를 포함한 대화자원으로 자유롭게 대화할 수 없는 곳에서 언어발달의 초·중급 수준을 제대로 학습할 수 있을까? 스토리텔러나 디베이터 화자로 성장하려면 물 흘러가듯 의미를 조정하고 협상하는 대화기술을 배워야 한다. 그런데 지시와 규범으로 경직되어 있고 해야 할 말만 하도록 허락되는 곳이라면 대화는 어려울 수밖에 없다.

    영어만 사용하는 영어유치원이라고 언어발달에 좋은 것만은 아니다. 영어유치원마다 교육과정이나 분위기가 달라서 원생들이 교사와 대화를 어떻게 나누고 있다고 단정할 수 없다. 그렇지만 영어만 강조되고 자연스러운 대화가 사라진 곳이라면 아이들의 자아정체성은 훼손될 것이다. 어쩌면 너무 이른 나이에

학습부진아로 낙인찍혔을지도 모른다. 입은 닫히고 소심해지면서 타자의 시선을 너무 일찍 의식할 수도 있다. 영어만 사용하는 유치원은 좋고, 한국어와 영어를 함께 사용하는 유치원은 별로라는 상식에 대해 질문하지 않을 수 없다.

아래 대화[22]를 보면 영어만 사용해야 하는 수업이 아니어서 아이들이 적극적으로 한국어도 사용한다. 균형적인 말 차례가 허락되며 다양한 기호적 자원도 동원된다. 아이들은 영어나 한국어로 대상을 지시하기도 하고, 서로의 말에 간섭하고, 혼잣말도 하고, 자유롭고 즉흥적으로 의미협상에 참여한다. 산만하게 보이지만 교사와 원아들 모두 의미협상의 주체로 보인다.

D : (자신 있는 목소리로) Look at this.
이것 봐라.
(노래를 빠르게 부르며) January, Februrary, March, April, May, June, July… Really really fast.
1월, 2월, 3월, 4월, 5월, 6월, 7월… 진짜 진짜 빨라
(벽에 붙은 1~12월 영어단어를 순서대로 가리키며) January, February, March, April, May, June, July, August… November, December.
1월, 2월, 3월, 4월, 5월, 6월, 7월, 8월… 11월, 12월.

B : January?

1월?

(벽에 붙은 'April' 단어를 가리키며) March 다음에 뭐야? (손으로 3을 만들며) 3월 다음에?

D : 어?

B : (계속 벽을 가리키며) March 다음에 뭐야? 3월 다음에?

D : (손으로 가리키며) 저거? 저거?

B : (April 가리키며) 초록색, 초록색 저거, 초록색 저거.

D : (May 가리키며) May? 5월?

B : May? 아니, May 말고, (손으로 왼쪽을 가리키며) May 바로 이쪽에 있는 거.

D : (그림을 순서대로 가리키며 January, February, March, April을 입모양으로 흥얼거리다가) April!
4월!

B : (알겠다는 듯이 고개를 끄덕이며) Oh, April.
아, 4월!

 말 차례가 빈번하게 교환되고 발화문은 길지 않다. 아이들이 만드는 대화의 모양으로 어색함이 없다. 아이들이 영어와 한국어를 섞어서 사용하고, 손가락으로 무언가를 가리키거나, 고개를 끄덕이고 흉내를 내는 모습도 자연스럽게 보인다. 모두가 서로 협력하며 대화를 구성하고 있다.

 이와는 달리 예전에 내가 만난 폴은 한국어가 모어이지만 만

네 살부터 영어유치원만 다녔고 영어 사용만 전념했던 아이다. 자막 없이도 디즈니 영화를 볼 수 있고 여섯 살인데도 영재반에서 이미 초등학교 2학년 수준으로 공부한다고 부모님의 자랑이 대단했다. 폴이 다양한 영어책을 더 쉽게 읽을 수 있도록 부모님은 영어로 대화할 수 있는 과외 선생님까지 구했다.

누구나 이중언어 화자로 성장할 수 있다. 그러나 내가 만난 폴은 온전하게 언어발달 단계를 거치고 있지 않았다. 그가 획득한 어휘와 문법 지식은 또래 아이들보다 많았지만, 의미를 함께 협상하는 대화기술을 습득하지 못했다. 한국어든 영어든 "지우개", "숙제", "기분 나빠", "안 할 거야", "Nothing" 등으로 말하곤 하는데 발화량부터 너무 적었다. 온전한 문장으로 말하지 않는 것은 괜찮다. 그러나 말 차례를 교환하며 대화를 함께 만들지 못했다. 폴이 상황과 사건을 부연하는 스토리텔러, 주장하고 논증하는 디베이터로 성장할 수 있을지 많은 생각을 하게 되었다. 폴에게는 누군가와 편안하게 대화를 주고받을 수 있는 연습이 필요했다.

영어만을 사용하는 교육은 기획될 수 있고 어디선가 필요할 것이다. 그러나 거기에 맥도날드화된 대화만 넘친다면 학습자의 입은 좀처럼 열리지 않는다. 말하기만 그런 형편이라면 다행이다. 온전하게 대화를 나누지 못할 때 우리는 불안과 소외를 느낀다. 왜곡된 자아정체성을 품고 평생 살아갈 수 있다. 관련 연구문헌을 조금만 찾아보면 영어만 사용하는 교육공간에서, 혹은 조기영어교육을 지나치게 강조하는 곳에서 많은 아이들이 불필요하게 고통받고 있음을 확인할 수 있다.

영어유치원이나 (조기)영어교육이 문제라고 지적하는 것이 아니다. 한국어나 모어교육이 더 중요하다는 것도 아니다. 아이들이 자연스러운 대화를 배우지 못하고 협상적인 대화 주체성을 살리지 못하는 것이 걱정이다. 제2언어를 배우는 성인도 동일하게 경험하는 것이지만, 모든 언어발달 과정에서 가장 유쾌하고 모험심 가득한 기간은 대화를 배울 때다. 만 세 살의 아이도 또래 집단 혹은 부모나 교사와 대화적 상호작용을 즐길 수 있다. 네 살만 되면 상황을 서술하고 자신만의 의견을 보태기도 한다. 얼마나 예쁜 모습인가? 아이들이 그만한 대화기술을 온전하게 배울 수 없다면 영어든 한국어든 대화 없는 말하기만 강요하는 셈이다.

오래된 영화이지만 〈이티E.T.〉를 아이들과 한번 보라. 나는 아이들이 대화 주체로 성장하는 언어교육에 대해 가르칠 때 이 영화 장면을 종종 인용했다. E.T.는 지구에 홀로 남게 된 외계인이며 'The Extra Terrestrial(지구 외 존재)'의 약자다. 외계인과 지구인이 대화가 가능할 수 없는데, 놀랍게도 아이들은 E.T.와 대화를 나누기 시작한다.

예를 들면 주인공의 동생 거티가 TV에 나오는 알파벳 프로그램을 보면서 알파벳 "B"를 따라 말하는 것을 보고, E.T.도 "B"를 따라 말한다. 그 모습을 본 거티는 E.T.를 보며 "B! Good!"이라며 기뻐하는 장면이 나온다. 이때부터 거티는 대화 상황에서 E.T.에게 단어를 알려주기 시작한다. 이제 E.T.는 배운 단어들을 조합해서 문장을 만들기도 하고 자기가 하고 싶은 말을 전한다.

E.T.가 자기 집에 전화하고 싶다고 아이들에게 대화를 시도하는 장면도 그렇다. E.T.가 전화기를 쳐다보자 거티는 "Phone"이라고 말해주며 전화하고 싶냐고 묻는다. E.T.는 "Phone"이라는 단어를 정확하게 알지 못해도 전화하고 싶다는 뜻을 손짓, 몸짓, 그리고 공간에 배치된 기호자원으로 전달한다. E.T.가 엘리엇에게 신문지를 보여주며 외계인이 그려진 그림을 가리키면서 "Home"이라고 말하는 장면도 있다. 주인공 엘리엇이 이해하지 못하자 옷장을 이용해서 자신의 집을 말하려고 한다. 배운 단어를 조합해서 하늘을 가리키며 "E.T. Phone Home"이라고 말한다. 아이들은 E.T.가 집에 전화를 하고 싶다는 걸 알게 된다.

E.T. : Home.
엘리엇 : (고개를 끄덕이며) E.T. home.
E.T. : (창문을 가리키며) E.T. home. Phone.

그렇게 말을 가르치고 배우며 서로를 아끼는 장면이 너무나 사랑스럽다. 누군가를 불편하게 하지 않고 위협하지도 않는다. 서로가 대화의 주체로 존중될 때 놀랍게도 입은 열리고 대화는 시작된다. 영화만 그럴까? 가정에서, 유치원에서, 초중등학교에서, 직장에서, 어디서든 그럴 것이다. 우리는 문법을 충분히 공부하지 못한 바보 화자가 아니다. 어떤 언어를 배우든지 서로를 존중하는 대화적 관계성만 허락된다면 우리는 어디서나 대화의 주체가 될 수 있다. 어린 꼬마도, 영어를 외국어로 조금만 배운 사람이라도 누구나 대화를 할 수 있다.

참조물로
대화하기

　참조물은 영어로 옮기면 레퍼런스reference다. 사람, 사물, 장소, 상황, 감정, 의견 등 참조하는 무언가에 대해 언어로 말하는 모든 행위가 참조적 의사소통referential communication이다.[23] 참조물 기반의 대화에서도 화자는 참조물인 사람, 사물, 상황에 관해 묘사하고 서술한다. 방향을 제시하거나 위치를 찾거나 사물을 이동시킨다. 사건을 서술하면서 시간 순서나 인과관계를 전달한다. 논거와 자료 기반으로 찬성이나 반대 주장을 한다. 화자가 참조물에 대해 적절하게 지시하고, 요약하고, 묘사하고, 서술하고, 해석하고, 설명할 수만 있다면 청자는 자신이 경험한 참조물을 쉽게 연상할 수 있다. 설령 낯선 참조물이라고 하더라도 화자의 의도를 추론할 수 있다. 그와 달리 참조물 정보가 제대로 전달되지 못하면 오해나 불통이 발생한다.

TV 드라마를 보면 모든 회차마다 참조물 기반의 대화가 넘친다. 예를 들어 드라마 〈슬기로운 의사생활〉에서 의사, 간호사, 직원, 환자 등이 만나서 나누는 모든 대화는 참조적 의사소통이다. 의사가 간호사에게 환자가 받게 될 수술에 관해 전한다. 간호사는 환자와 수술에 관한 참조물 정보를 대화로 나눈다. 만약 환자가 수술에 관한 지식이 부족하다면 불통이 발생할 수 있으니, 의사든 간호사든 참조물을 염두에 두고 대화를 나눠야 한다.

재판이 이뤄지는 법정의 의사소통도 마찬가지이다. 판사, 변호사, 검사, 배심원, 피고인 누구든 무죄추정주의, 증거재판주의에 따라 철저하게 참조물을 상정하고 질문, 대답, 묘사, 설명, 추론, 설명에 전념한다. 시간과 장소, 행위와 상황 등이 언급되고, 구체적인 법률 조항이 참조되면서 재판은 진행된다. 누군가 참조물 정보를 왜곡하거나 제대로 알지 못한다면 다른 누군가 그걸 수정하거나 다시 설명한다. 예를 들어 변호사가 전문적인 법률 용어를 적절하게 참조하지 못하고 있다면 판사는 재판을 온전하게 진행하기 위해서 해당 용어에 관한 참조 정보가 부적절하다고 지적한다. 국민참여재판이라면 배심원들이 법률 전문가가 아닌 만큼 참조물이 신중하게 선택되어야 한다.

교육 현장에서도 교재를 만들고, 수업 활동을 준비하고, 평가를 실행할 때 참조물 기반의 과업이 사용된다. 교사가 "자동차를 파란색으로 칠하세요"라고 하면 학생은 참조물인 자동차를 찾아서 파란색으로 칠한다. 사람이나 사물과 같은 참조물을 찾고 구별하는 과업이다. 학생은 교사의 지시를 받고 교재에 나온 그림을 보고 사물의 속성을 파악하고, 적절한 어휘와 연결하고 묘사한다. 또는 사람이나 사물을 직접 그리고, 지도나 지침을 보고 지시적 정보를 구별하고 따르며, 요리나 부품 조립의 순서를 말하기도 한다. 중급 수준 이상의 언어학습자라면 그림이나 영상을 보고 사건을 서술한다. 자신만의 의견을 말하거나 문제를 해결한다.

참조적 의사소통은 특수교육 현장에서도 자주 고안된다. 정신장애 아동은 참조물 기반의 의사소통에 서툰 편이며 특수교사는 의식적으로 참조물을 빈번하게 활용한다. 교사가 "앉으세요", "일어나세요", "손바닥을 펴세요" 같은 구체적인 지시를 제공하면 학생은 참조된 활동을 그대로 수행한다. 또는 여러 참조물이 그려져 있는 카드를 활용해서 대화를 또박또박 나누는 연습을 한다. 지적장애 아동의 언어능력을 향상하기 위해서 참조물로 대화가 학습된 사례는 관련 학계에서 자주 발표된다.

유아·아동교육에서도 참조물 기반의 교수법이 자주 활용된다. 아이들은 대화자로서 자기중심적이다. 다양한 대화적 맥락에서 상대방을 의식하면서 다양한 참조물 특성을 파악하고, 묘사하고, 서술하고, 설명할 수 있어야 한다. 담당 교육자라면 교재나 멀티미디어 기기에 담아둔 지시문, 사진, 삽화, 지도, 기타 도구 등을 보면서 특정한 참조물에 대해 서로 말해보는 활동을 준비한다.

세 가지만 기억하라,
참조적 의사소통법

　참조물 기반으로 대화가 온전하게 수행되려면 참조물에 관한 세 가지(선험적, 언어적, 절차적) 지식이 잘 도출되어야 한다. 즉 참조물에 관한 배경적 지식이 도출되어야 하고, 적절한 어휘와 구문으로 해당 참조물에 관해 표현될 수 있어야 하고, (한 번만 보거나 듣고 참조물에 관해 말하기가 쉽지 않기 때문에) 참조물 속성에 관해 여러 차례 점검될 수 있고 화자와 청자 역할이 바뀌면서 필요한 정보가 협상될 수 있어야 한다.
　몇 가지 예시 장면으로 세 가지 유형의 지식에 관해 부연하면 다음과 같다. 다음 대화는 드라마 〈슬기로운 의사생활〉 시즌1 9화에 나오는 장면이다. 의사가 환자의 엄마에게 '총담관낭종'에 관한 질병을 설명한다. 수술이 필요하다고 말하는데 보호자인 환자의 엄마는 도무지 이해하지 못한다. 이때 다른 의사가 등장해서 참조물 총담관낭종을 다른 방식으로 설명한다.

의사1 : 총담관낭종은 총담관이 낭성으로 확장돼서 기능이 떨어지고 이로 인해 담관 담석증 또는 담관암 등이 발생할 수 있는 병이고요, 수술은 낭성으로 확장된 총담관낭종을 절제하고 루앙와이 담관, 공장 문합 수술을 통해서 판도를 재건해 줄 겁니다.

보호자 : (이해하지 못한 표정)

의사2 : 안녕하세요, 어머니.

보호자 : 아, 선생님 안녕하세요.

의사2 : 재원이 어려운 수술 아니고요, 간에서 담즙이라는 게 만들어지는데 이게 기름기를 소화하는 데 도움을 주는 소화액이에요.

보호자 : 아.

의사2 : 담즙이 만들어지면 장으로 이동을 하게 되는데, 이동한 그 길이 총담관이에요.

보호자 : 아, 예.

의사2 : 보통은 아이들이 총담관이 5밀리가 채 안 되는데, 재원이는 3센티미터가 넘게 늘어나 있어요, 어머니. 이게 늘어나게 되면은 담즙이 잘 안 빠지고 고여서 돌이 생긴다든지 뭐 여러 가지 합병증이 발생

>   할 수 있거든요. 그래서 그 늘어난 총담관을 잘라내
>   는 게 오늘 재원이가 받게 될 수술이에요.
> 보호자: 아.
> 의사 2: 물론 잘라낸 뒤에도 담즙이 내려가는 길이 필요하
>   잖아요. 그래서 소장의 일부를 담도랑 다시 연결해
>   줘야 돼요. 그렇게 연결까지만 하면 수술이 완료되
>   는 겁니다. 뭐 엄청 복잡하고 힘든 수술 아니니까
>   걱정 많이 안 하셔도 돼요.
> 보호자: 아 네. 감사합니다, 선생님. 완전 이해했어요. 잘 부
>   탁드릴게요, 선생님.

보호자는 총담관낭종 질병과 수술에 관한 선험적 지식이 없으며, 의학 용어(언어적 지식)도 낯설다. 의사가 일방적으로 설명한다면 보호자는 청자 역할만 할 뿐이다. 다시 묻고, 확인하고, 협상하는 대화를 시작하기도 힘들다. 즉 절차적 지식 역시 도출될 수 없다. 그런데 다른 의사가 등장해서 보호자가 이해하기 쉽도록 질병과 수술에 관해 알려준다. 참조물에 관한 선험적, 언어적 지식이 새롭게 편집되니까 보호자도 의사와의 대화에 좀 더 적극적으로 참여한다. 이제 필요한 정보를 교환하고 협의하는 절차적 지식이 도출될 수 있다.

선배 직원이 MZ세대로 불리는 신입사원을 대상으로 직무

교육을 준비할 때도 선험적, 언어적, 절차적 지식을 고려해야 한다. 교육이 참조물 기반의 대화로 수행되기 때문이다. 일단 MZ 신입사원이 관련 교육에서 사용될 참조물에 관해 잘 알고 있다고 전제하지 말아야 한다. 근무처와 직무에 관한 기본적인 정보를 사전에 제공하거나, 신입사원이 선험적인 지식이 전혀 없다고 전제하면 대화가 잘 통할 수 있다. 'MZ 언어'에 관해 냉소적이어도 안 된다. 직장 선배와 후배는 참조물에 관해 서로 다른 언어적 지식을 가질 수 있다. 업무에 관한 어휘와 표현은 나중이라도 반복적으로 알려주면 된다. 선배가 상명하달이나 위계적 소통방식을 강조하면, 후배는 의미를 적극적으로 묻고 점검하는 절차적 지식을 동원하기 어렵다.

보이스피싱은 참조물 기반의 의사소통을 악용한 범죄 유형으로 볼 수 있다. 범죄자는 전화 대화를 선호하며 피해자가 취약한 선험적 지식(예를 들어 범법 행위, 금융 사기)을 파악하고 소송이나 송금 방식 등에 관한 복잡하고도 전문적인 용어를 활용한다. 피해자는 해당 참조물의 속성에 관해 충분히 파악할 시간도 갖지 못한다. 참조물에 관한 의미협상을 시도하지도 못하고 가해자의 일방적인 지시에 따라 피해자는 반응하기만 한다. 묻고 답하고, 함께 의견을 교환하고 협상하는 절차적 지식이 허락되지 않는 곳에 음습한 음모가 숨어 있다. 참조물 기반의 말하기 활동에 선험적, 언어적, 절차적 지식이 충분히 배려되지 않는다면 청자는 당혹감, 불쾌감, 무능함을 가지며 불통의 피해자가 될 수 있다.

　대화를 배울 때 참조물이 동원될 수 있다. 참조물 기반의 말하기는 누구나 배워야 하는 언어활동이다. 그렇지만 참조물이 일방적으로 전달되고 단번에 청자가 그것에 관해 말하는 대화는 정상적인 언어발달, 자연스러운 말하기를 유도하지 못한다. 말하기를 배우기 시작한 초·중급 학습자가 참조물에 관해 빠르고도 능숙하게 말해야 하는 시험(준비) 상황에서도 그렇다. 맥도날드화된 대화라면 참조물이 지나치게 의식될 수밖에 없다. 인색하게 주어진 지면이나 화면 위 참조물을 바라보며 초·중급 학습자나 어린아이들이 혼자서 힘들게 말하는 모습이 안쓰럽다.

말하기시험은 과연 참조적 의사소통일까?

　입학이나 진급과 같은 고부담 의사결정을 위해 사용되는 말하기시험에서 수험자는 지면이나 화면에 제시된 참조물에 관해 말한다. 그림, 사진, 도표 같은 참조물이 사용되기도 하고, 문자나 음성 지시문으로 특정 참조물에 관해 묘사하고, 서술하고, 비교하고, 설명하고, 의견을 낸다. 이와 같은 말하기시험에서 참조적 의사소통을 가능하게 하는 세 가지 조건(선험적, 언어적, 절차적 지식)이 제대로 충족되고 있을까? 하나씩 살펴보자.[24]

　첫째, 참조물에 관한 배경지식이 화자에게 숙지되어 있을까? 가구 조립에 관한 경험과 지식이 없는 수험자에게 해당 참조물 기반의 말하기를 요구한다면 타당한 평가로 보기 힘들다. 수험자가 45초 동안 사진에 나온 참조물을 묘사하는 토익 스피킹 3번 문항이 그렇다. ETS에서 출간된 공식 문제집에 따르면 3번 문항의 사진은 주위에서 쉽게 볼 수 있는 내용이라고 한다. 수험자는 그림에서 말해야 할 내용을 빠뜨리거나 중요하지 않은 세부 사항을 말하면 안 된다.

예를 들어 예시 문항으로 '많은 사람이 바다와 선베드^{sunbed}에 있는 사진'이 제공된다. 수험자는 먼저 무엇이 핵심 참조물인지 판단해야 하는데 사진에는 바다, 하늘, 사람, 파라솔, 모래사장, 갈매기 등 여러 참조물이 있다. 제한된 시간 안에 무엇부터 말해야 할지 분명하지 않고 화자(수험자)마다 선험적 지식이 달라서 특정 참조물만이 획일적으로 선택되지 않을 것이다. 그렇지만 모범답안을 보면 반드시 언급해야 하거나 제외해도 상관없는 참조물은 평가자로부터 미리 설정된 듯하다. 즉 수험자에게 참조물에 관한 선험적 지식을 사전에 요구한 셈이다.

수험자는 참조물의 속성을 서둘러 파악한 후에 무슨 내용이든 말해야 한다. 협상적인 대화가 아니기 때문에 해당 참조물에 관해 확인하거나 물어볼 수도 없다. 문항 개발자나 채점자의 의도를 성의껏 추리하면서 말해야 한다. '여행을 하면서 가장 좋았던 식사' 또는 '마당^{backyard}에서 하는 자동차 세차'에 관한 사진도 제시되는데, 그만한 수준의 참조물에 관해 즉각 말할 수 있는 수험자는 많지 않을 것이다. 말하기시험은 사진이나 그림 없이 특정한 경험과 기억을 즉각적으로 말하게도 하는데, 이것 역시 쉽지 않은 과업이다. 다음은 오픽 시험의 지시문 예시다.

> Think of a TV show or a movie that was particularly memorable to you. What show or film was it and who was in it? Where does the show take place and what happens? Why was it so memorable?
> 당신에게 가장 기억에 남는 TV 쇼나 영화를 생각해 보세요. 어떤 작품이며 누가 출연했습니까? 어디서 또 무슨 일이 열립니까? 당신은 왜 그것이 그렇게 기억에 남나요?

화자들이 협력하는 양방향 대화라면 이런 질문은 별로 어렵지 않다. 화자는 질문도 하고, 말하다가 수정도 하고, 상대방 표정으로 자신이 제대로 말하고 있는지 점검도 할 수 있다. 상대방이 말할 때 다른 말도 생각하고, 자신의 말 차례가 오면 다시 부연하고, 그렇게 협력해서 대화를 한다면 TV 드라마나 영화에 관한 말하기가 어렵지 않을 것이다. 그러나 해당 시험에서는 청자(가 제공하는 피드백)의 역할이 없다. 의미협상 없이 단번에 참조물을 파악하고 신속하게 나 혼자서 말해야 한다. 모범답안을 사전에 암기하지 않고는 이와 같은 말하기 과업을 능숙하게 감당하기 어렵다.

실제적인 대화 상황이라면 참조물에 관해 이질적인 지식과 경험을 가지고 있는 화자와 청자는 의미협상을 시도해야만 한다. 선험적 지식이 비슷할 것이란 전제는 우리 삶의 서로 다른 경험과 의식을 인정하지 않는 것이다. 참조물에 관한 지식은 화자마다 다르게 구성한 의미체계다. 컴퓨터 기반의 일방향 말하기, 청자 없이 나 혼자서 말하는 시험 환경에서 어느 참조물이라도 평가에 적절하게 활용될 수 있는 구인construct(시험에서 측정하고자 하는 특성이나 능력)과 연결되기 쉽지 않다.

둘째, 화자는 참조물에 관한 언어적 지식을 가지고 있을까? 가구 조립에 관해 말하려면 관련 어휘, 문장 형식, 순서에 따라 조립하는 표현법에 대해 어느 정도 알아야 한다. 의미를 협상할 수 있는 대면 상황이라면 화자는 필요한 언어적 정보를 상대방에게 요구할 수도 있고, 심지어 스마트폰으로 필요한 어휘를 직접 찾아볼 수 있다. 말하기시험으로 의미를 전달하고 협상하는 능력을 추론할 목적이라면 굳이 까다로운 어휘나 문법 때문에 수험자가 아무 말도 하지 못하는 상황에 빠뜨리지 말아야 한다.

예를 들어 토익 스피킹의 문항 7~9번은 '제공된 정보를 사용하여 질문에 정확하게 답할 수 있는 능력'을 평가한다. 문항마다 주어진 정보는 일정표, 모집 광고 등에 관한 어휘 정보(행사, 장소, 사람 이름)이며 수험자는 그걸 참조하면서 말해야 한다. 모범답안에 따르면 정확한 문법을 사용하고 신속하고도 능숙하게 말해야만 높은 등급으로 판정받는다. 그렇지만 초·중급 수준의 학습자라면 그러한 참조물을 보자마자 관련된 언어지식을 어떻게 즉각적으로 동원할 수 있을까?

NEAT[National English Ability Test](국가영어능력평가시험) 1급 말하기시험에서는 연결된 그림을 보고 수험자가 하나의 이야기를 만드는 과업이 나온다. 예를 들어 직장인이 늦잠에서 깨어나 서둘러 택시를 타고 출근했는데 회사에 와서야 5월 5일 공휴일이라는 것을 알게 된다는 내용이 그림으로 제시되어 있다. 수험자는 침대, 시계, 택시, 계단, 달력 등 다양한 참조물을 보면서 일어나기, 세수하기, 택시 타기, 계단 오르기 등의 동작을 연결해서 이야기로 만든다. 함께 협력하고 협상하는 대화의 상황이라면 '문장 창조자' 중급 수준의 화자만 되어도 그와 같은 상황의 서술은 어렵지 않다. 문장을 나열하고 사건을 전하다가 혹시 말문이라도 막히면 자신이 한 말을 수정하거나, 반복하거나, 혹은 망설이면서 상대방에게 도움을 구하면 된다. 그렇지만 토익이나 NEAT 말하기시험이라면 화자는 혼자서 긴박하게 모든 걸 말해야 한다. 화자에게 그림 컷 하나에 대개 15~20초 정도 말할 시간이 주어지는데, 보이는 참조물뿐만 아니라 보이지 않는 것도 자신의 언어적 지식을 동원하여 추가로 말해야 한다.

참조적 의사소통에서 적절한 언어를 사용할 수 있는지 평가하려면 수험자가 말할 수 있는 응답 시간부터 늘려야 한다. 1분이 조금 넘는 시간 안에 서둘러 말해야 하는 제약을 없애고 청자와 화자가 의미협상을 할 수 있는 상황이 고안되어야 한다. 제시된 그림의 참조물을 줄이거나 그림 컷을 한두 개 비워두고 화자가 자신만의 방식으로 자유롭게 내용을 채우게 할 수도 있다. 아니면 언어적 지식에 관한 추론이 평가에서 제외될 수도 있다.

셋째, 화자가 전하고자 하는 참조물의 속성이 다른 참조물과 구분될 수 있는 절차적 지식이 제공되고 있을까? 화자가 어떤 참조물에 관해 말할 때 그것이 어떤 속성을 가진 무엇인지 늘 분명하지 않다. 실제적인 대화 맥락이라면 분명하지 않은 것에 관해 서로 묻고, 확인하고, 수정하면 된다. 그런 중에 청자는 화자의 역할이 되고, 화자는 다시 청자의 역할을 맡는다. 앞서 다룬 선험적 지식이나 언어적 지식은 참조물에 관해 화자 스스로가 감당해야 하는 지식인데, 절차적 지식은 대화 참여자 모두에게 협력적인 태도를 요구한다.

수능 영어 영역, 토익 스피킹, 오픽, 한국어능력시험 토픽TOPIK, Test of Proficiency in Korean 어느 시험에서든 그와 같은 절차적 지식이 아예 동원되지 못한다. 일단 화자가 복수의 참조물 중에서 하나를 구별하고 다른 것과 비교해서 말하는 상황이 없다. 화자가 청자와 역할을 교환하며 참조물에 대해 협상적으로 얘기할 수도 없다. 말하기시험에서는 그저 화자가 작정하고 준비한 지식을 바탕으로 참조물을 '혼자서' 말할 뿐이다. 그것을 통해 무엇을 추론할 수 있을까? 참조물에 관해 서로가 협력해서 전략적으로 말할 수 있는 대화적 기술일까? 아니면 사전에 잘 준비한 것을 혼자서 신속하고 정확하게 말할 수 있는 준비성일까?

효율성을 강조하는 시험문화는 화자가 절차적 지식을 활용할 수 있는 말하기 환경을 아예 제거했다. 수험자로서의 화자는 자신이 말한 것을 청자의 입장이 되어 점검할 기회가 없다. 개발이나 시행의 편의성, 시험준비나 결과 추론의 유용성을 강조하면서 시험의 공급자와 사용자 다수는 반직접semi-direct 말하기시험을 선호한다. 청자와의 역할 조정까지 제거된 일방향의 말하기 과업은 시험(준비) 밖에서의 말하기활동이나 대화교육에 부정적인 효과를 끼칠 뿐이다.

이처럼 참조물을 효율적으로만 말하게 하는 말하기시험은 참조적 의사소통의 속성을 왜곡시켰다. 연결된 그림을 서술하는 과업은 그림마다 평균 15초의 발화 시간만 주어진다. 충분한 발화 시간이 허락되거나 말해야만 하는 참조물의 분량이 줄어야만 한다.

청자 없는 화자는 참조적 의사소통을 온전하게 수행할 수 없다. 청자가 피드백을 주고 화자가 참조물을 다시 살필 수 있는 상황을 줄 수 없다면 발화 시간이라도 더 주거나 개별 과업마다 화자가 발화 시간을 유연하게 선택할 수 있어야 한다. 사전에 참조물 정보를 자세하게 검토할 수 있는 절차도 필요하다. 유사하게 보이지만 구별되는 복수의 참조물을 대조하는 활동이 참조물 기반의 말하기 과업으로 적절할 것이다. 혹은 연결된 그림을 서술하는 과업이라면 한두 개의 그림 컷을 비워두고 화자가 창의적으로 참조물에 관한 묘사와 서술을 하도록 유도해도 좋겠다.

참조물 기반의 의사소통을 왜곡하고 속도시험이 된 말하기시험을 지금처럼 방치한다면 말 교육의 맥도날드화 현상은 계속될 것이다. 새롭게 시험을 개발하거나 시행에 변화를 주기 힘들다면 관행적으로 사용되고 있는 말하기시험을 아예 중단하는 것도 괜찮다. 대화능력, 말하기능력을 추론하겠다고 지면과 화면 앞에서 혼자서 서둘러 말하게 하는 관행은 시험(준비)의 폐해로 끝나지 않는다. 그런 시험은 누구에게나 말하기와 대화 활동에 부정적인 기억만 축적시킨다.

참조물이 없다면
대화는 불가능할까?

　수십 년 동안 함께 살아온 부부의 대화법은 흥미롭다. 버스를 타고 가면서 남편이 말을 건넨다. "거시기가 참 거시기해." 아내가 화답한다. "참말로 거시기하지." 참조물인 '거시기'가 뭔지 모르겠지만 그들은 이미 공유하고 있을 것이다. 일상 대화에서 우리는 참조물을 자세하게 묘사하고, 서술하고, 설명하곤 한다. 그러나 대충 말하는 것이 허락되지 않고 참조물로만 엄중하게 말해야 한다면 대화는 지루하고도 고달픈 활동이 될 것이다.
　생텍쥐페리Antoine de Saint-Exupéry의 《어린 왕자Le Petit Prince》에는 사랑, 우정, 삶의 의미에 관한 질문이 가득하다. 어린 왕자와 여우가 이런 말을 나누는 장면이 있다.

> 마음으로만 제대로 볼 수 있어요. 본질은 눈으로 보이지 않는 것이죠.
> It is only with the heart that one can see rightly; what is essential is invisible to the eye.

어린 왕자는 비행사와도 이렇게 말한다.

> 세상에서 가장 아름다운 건 보이지도 않고 만질 수도 없어요. 마음으로 느끼는 것이죠.
> The most beautiful things in the world cannot be seen or touched; they are felt with the heart.

보이고 들리는 것만 중요한 것은 아니다. 어릴 때부터 보이는 것만 말하는 참조적 의사소통에 집착한다면 막연하게 마음으로 느끼는 바를 섣불리 말하지 못할 것이다. 유형과 무형, 참조물과 비참조물, 구체적으로 드러난 것과 막연하고도 감춰진 것은 우리의 의사소통에서 모두 중요한 공간적 자원이다. 비참조적 의사소통 역시 관대하게 허락될 때 우리의 대화는 한결 편안해지고 그만큼 풍성해진다. 청자와 화자는 더욱 가깝게 연결되며 대화는 정보 교환만 아니라 삶의 이야기로 확장된다.

참조물 없이도 우리는 대화할 수 있을까? 예를 들어 소개팅 상황에서 남녀가 만나 서로 인사하고 대화를 나누기 시작한다. 어디 사는지, 무슨 일을 하는지, 여가를 어떻게 보내는지, 그렇게 질문하고 대답하는 모든 건 전형적인 참조적 의사소통이다. 그런데 어떤 참조물 정보를 교환하지 않고도 둘이서 소개팅을 시작할 수 있을까? 수업이나 강연에서 참조물이 등장하지 않는 대화를 가상으로 만들어 보자고 제안하면 10명 중 9명은 다음과 같은 대화를 제시한다.

> 남 : 어디서 오셨어요?
> 여 : 어디 사는지 물어보는 거죠? 저는 천안 살아요.
> 남 : 아 천안 제가 잘 알죠.
> 여 : 뭘… 아시죠?
> 남 : 오래 살았고, 맛있는 음식점도 알고.
> 여 : 저도 거기 맛집 다니는 것 좋아했어요.
> 남 : 맛집 다니는 것 좋아하시는구나.
> 여 : 거기 왕골뱅이탕 좋아했어요. 고향이 거기세요?
> 남 : 저는 전주에서 왔습니다.
> 여 : 전주도 맛있는 음식이 많죠?
> 남 : 전주비빔밥?

여 : 맞아요.

위 대화 역시 참조물에 관한 내용으로 가득하다. 전형적인 참조적 의사소통이며 모든 말 차례마다 참조물에 결속되어 있다. 다시 묻고 의미를 보완하는 대화로서 즉문즉답만 없을 뿐이다. 둘은 협상적인 대화를 나누지만 주거지나 맛집과 같은 참조적 정보를 교환한다.

참조물을 명시하는 언어를 빼버린 소개팅 장면을 다시 상상해 보자. 둘이 처음 만났는데 서로 마음에 든다. 남자가 쑥스럽기도 해서 눈을 맞추지도 못하고 씽긋 웃는다. 여자도 웃으면서 "으흠"하고 목을 가다듬는다. 창밖에 가랑비가 내리기 시작한다. 그걸 둘이 한참 말없이 바라본다. 여자가 뭔가 웅얼거린다. 남자도 목을 가다듬고선 고개를 끄덕이더니 바깥을 다시 바라본다. 이 장면에서 일단 언어적 형태로는 아무런 참조물이 등장하지 않는다. 그렇지만 둘은 서로를 의식하고 호감을 표시하며 데이트는 시작된다.

아니면 다음과 같은 대화는 어떤가? 남자가 인사하고, 날씨가 추우니 어딜 들어가자고 하는데 여자가 아무 말도 없다. 혹시 아픈지 물어보는데 여자가 계속 말이 없다. 이번엔 여자가 어릴 때 미국에 입양이 된 남동생이 있다고 말하는데 남자가 아무런 응답이 없다. 서로에게 결속된 참조물 하나 제대로 등장하지 않는 대화이며 몇 분이나 침묵이 유지된다.

> 남 : 안녕하세요.
> 여 : ….
> 남 : 날씨가 너무 춥네요. 어디 좀 들어갈까요?
> 여 : ….
> 남 : 어디 편찮으신 건 아니죠?
> 여 : ….
> 남 : ….
> 여 : ….
> 남 : ….
> 여 : ….
> 남 : ….
> 여 : 실은 제가 어릴 때 미국에 입양을 간 동생이 있는데,
> 남 : ….
> 여 : ….

침묵과 망설임이 대부분의 말 차례를 차지하고, 불통은 아니지만 온전한 소통은 아닌 듯한 위와 같은 장면은 우리 일상에서 얼마든지 등장할 수 있다. 느슨하고 지루해 보인다는 이유

로 대중이 즐겨 소비하는 긴박한 서사 콘텐츠에서 삭제되었을 뿐이다. 영상 콘텐츠라면 담당 PD가 해당 장면을 빠른 속도로 재생시키거나, '몇 분 후'와 같은 자막으로 상황을 축약할 것이다. 우리가 소비하는 인스타그램의 릴스나 유튜브의 쇼츠와 같은 숏폼 콘텐츠는 특정 참조물이 촘촘하고도 분명하게 연결된 서사 정보다. 시청자는 화면에 보이고 들리는 참조물을 빠른 속도로 숙지하고 판단하고 소비한다. 이런 콘텐츠에 협상적인 대화가 한가롭게 등장하긴 어렵다.

참조적 의사소통은 지시하고, 참조하고, 인용하고, 요약하고, 다시 전달하는 활동이다. 그것이 대화에서 동원되는 의사소통 기능의 전부로 보인다. 그러나 우리는 참조물이 없더라도 얼마든지 대화 상황을 만끽할 수 있다. 감각과 기호를 매개로 감정과 의견을 숙지하고 전달할 수 있다.

참조적
vs. 비참조적 의사소통

　참조물이 분명하게 언급되지 않아도 우리는 유의미한 대화를 나눌 수 있다. 병상에 계신 내 아버지와의 대화도 그랬다. 갑자기 말기 암 판정을 받은 아버지가 병원에 입원했다. 시간이 흐를수록 우리는 대화를 아예 나누지 못했다. 아버지는 가끔 기운을 내서 아무 말도 없이 병동 복도를 천천히 걷곤 했다. 난 아버지 뒤를 따라 걸었다. 슬픔 때문이었을까? 입 밖으로 나온 말도 별로 없었다. 어떤 참조물을 놓고 정보를 교환하고 의미를 협상할 일이 사라졌다.
　그렇지만 우리는 서로를 바라보면서 가끔 손을 잡기도 했다. 함께 창밖 풍경을 보다가 눈이 마주치기도 했다. 평소에 무뚝뚝했던 아버지와 내가 나눈 대면 소통 중에서 지금까지도 기억에 남는 장면이다. 침묵의 형태일 뿐이었다. 아무것도 들리지 않았지만 무슨 말인지 보였다. 무언의 대화였지만 아버지는 그때 내게 참 좋은 대화자였다.

서로가 친밀하거나 위협적이지 않은 관계라면 비참조적 의사소통은 별 문제가 되지 않는다. 참조물을 한 방향으로 서둘러 전달하지 않아도 될 만큼 서로 좋아한다면 그들은 서로에게 그저 좋은 대화자다. 어린 자녀는 만 두 살만 되어도 엄마와 참조물 기반으로 편안한 대화를 나눌 수 있다. 다음 대화처럼 둘은 참조물 '강아지'에 관해 대화를 나눌 수 있다.

> 아이 : 이거 뭐야?
> 엄마 : 응. 이건 강아지야. 강아지는 멍멍해. 털이 많아. 귀엽게 생겼지?

그러나 그만한 참조적 의사소통이 본격적으로 시작되기 훨씬 이전부터 아이는 엄마와의 비참조적 의사소통에 익숙하다. 그들은 눈빛만으로도, 동작만으로도, 침묵으로도, 엉뚱한 말로도 참조물 없는 대화를 셀 수도 없이 풍성하게 나누었을 것이다. 다음 대화가 그렇다. 참조물 기반으로 질문과 답변을 결속시키지 않더라도 그들은 얼마든지 말 차례를 교환할 수 있다.

> 아이 : 맘마.
> 엄마 : 응. (사랑스럽게 아이를 쳐다본다)
> 아이 : 맛있다.
> 엄마 : (음식을 조금 더 가져다주며 다시 아이를 쳐다본다)
> 아이 : 맛있다.

이와 같은 의사소통이 자녀와 엄마 사이에서만 가능한 건 아닙니다. 나는 아프리카 케냐에 3주 동안 봉사활동을 간 적이 있다. 미국 일리노이대학교에 재학 중인 한인 교포나 유학생들과 함께 갔다. 사람이 많이 다니는 나이로비 시내에서 화장실 공사도 하고, 도시 근교에 있는 초등학교에서 교사와 학생을 도왔다. 붉은색 평원 한복판에 세워진 학교 운동장에서 아이들과 몇 시간씩 기타를 치며 웃고 춤추고 환호했다. 그들은 흥이 많았다. 지치지도 않았다. 우리는 같은 노래를 매일 수백 번이고 불렀다.

그때 그곳에서 함께 봉사했던 은지가 생각난다. 케냐로 가기 전에는 누가 말만 붙여도 우물쭈물하면서 대답도 제대로 못 하던 학생이었다. 아이들과 며칠이고 몇 시간이고 춤을 추고 노래하다가 숙소로 돌아오는 어느 길에서 우리 모두에게 말했다.
"너무 재밌어요. 아, 근데 제가 이렇게 영어로 말을 잘하는 줄 몰랐어요."

그 학생도 사실 영어를 잘한다. 그만큼 하니까 미국에서 대학도 다닌다. 그러나 누가 말을 걸면 괜히 머쓱하고, 더 잘하는 사람과 비교되면 열등감도 느끼고, 한국어와 영어 모두 어중간하고, 자신은 그냥 말로는 재능이 없다며 단정하며 지냈을 뿐이다. 은지는 케냐에서 영어 공부를 새롭게 한 것도 아니다. 대화기술의 비법을 독파한 것도 아니다. 그저 깔깔대며 서로 바라보며 노래하고 춤추기만 했다. 우리는 서로 친밀해졌고 은지는 안전한 관계로부터 대화다운 대화를 시작한 것뿐이다.

혹시 어렸을 때, 아니 지금조차도 서로 배려하는 친밀한 대화를 만끽하지 못했다면 지금이라도 경험해야 한다. 심리치료 프로그램에서 본 일화 하나가 생각난다. 가정에서 불화를 경험한 어린아이가 마음의 상처를 크게 받는다. 부모가 회심하고 가정을 회복시키려고 애를 쓴다. 그때 치료 전문가가 이미 고등학생이 된 아들이지만 아빠가 마치 어린 꼬마와 놀 듯이 몸을 쓰며 놀아보라고 제안한다. 아빠는 썰매나 타이어 위에 자신보다 키가 더 큰 아들을 태우고 눈길을 달린다. 미끄러져 넘어져도 일어나서 또 달린다. 다시 아빠는 미끄러지고 이번엔 아들도 넘어진다. 한참 동안 그렇게 유치하게 놀더니 그들이 서로를 바라보며 웃는다. 많이 말하려고 노력하지 않았다. 변명하려고 하지도 않았다. 그러다가 아들은 아빠에게, 아빠는 아들에게 말을 걸기 시작한다. 참조물 기반의 의사소통이 조심스럽게 다시 시작된 것이다.

대화가 서툴다면 참조물 기반으로 유능하게, 빠르게, 많이, 서둘러 말하려고 애쓰지 말아야 한다. 안전한 대화, 즉흥적인 비참조적 의사소통을 경험하지도 못했다면 참조물로 촘촘하게 대화하는 활동은 불편하기만 하다. 대화가 어려운 것이 아니라, 대화를 해야 하는 참조물이 부담스럽거나 낯설다. 말하고 싶은 참조물도 아닌데 자꾸 그걸 말하라고 하면 대화에 관한 부정적 경험만 쌓인다. 자꾸 무언가를 말해야만 하는 자신이 싫다. 참조물에 관한 인지적 혹은 감정적 과부하부터 해결해야만 한다.

글 문법이 아닌
'말 문법'으로

글로 메시지를 만들 때 필자는 시간을 두고 내용을 구상하고 수정할 수 있다. 문법적인 문장만을 신중하게 배열할 수도 있다. 오류, 여분, 반복의 표현을 사전에 점검하고 적절한 문장부호도 사용할 수 있다. 그와 같은 글 문법written grammar은 대면 대화에서 사용되는 말 문법spoken grammar과 다를 수밖에 없다.[25] 구술 대화는 실시간 소통이기 때문에 계획한 대로 말할 수 없다. 말 문법에 관한 다양한 문헌이 있지만 영어 화자 간의 대화를 수집해서 분석한 자료가 가장 많다. 누구나 쉽게 이해할 수 있는 말 문법의 세 가지 범주(A, B, C 범주)를 영어 대화의 맥락에서 소개하면 다음과 같다.[26]

우선 A 범주의 말 문법으로 머리말head과 꼬리말tail, 과거진행형, 불완전한 문장 형태가 있다. 머리말은 문장 맨 앞에 위치하며 화제를 제시하거나 청자의 관심을 유도할 때 사용된다. 꼬리말은 문장 맨 끝에 오고 화자가 말한 내용이 다시 언급되거나 뭔가 특별하게 강조될 때 사용된다. 'say'나 'tell'과 같은 동사가 과거진행형으로 자주 사용되는 것도 말 문법의 특징이다. 화자 입장에서 불확실한 사건 정보가 전달되는 부담이 덜 수 있는 화법이다. 또한 말 차례가 자주 교환되는 실시간 대화에서는 불완전한 문장 형태가 사용될 수밖에 없다.

B 범주의 말 문법은 화자가 독단적이거나 공격적인 화법을 피하고자 사용하는 불변화사^{particle}, 모호한 부가어$^{vagueness\ tag}$, 수식어, 자기수정의 표지 등이다. 'sort of'나 'kind of'와 같은 불변화사는 대화의 흐름을 돕는 연결어^{filler} 기능도 하고 화자가 판단을 유보하며 모호하면서도 공손하게 말하는 헤지^{hedges} 역할도 한다. 'and things like that', 'and stuff like that' 등과 같은 모호한 부가어도 비슷한 기능을 한다. 'a bit'이나 'a little bit'과 같은 표현은 형용사나 명사의 수식어로 사용된다. 화자의 주장이 무례하게 전달되는 인상을 피하려고 수식어처럼 끼워진 것이다. 'I mean', 'you know'와 같은 표지는 문장 안팎에서 자주 삽입되는데 자기수정$^{self\ repair}$을 위한 대화전략으로 볼 수 있다.

C 범주의 말 문법은 친밀하거나 비공식적인 대화에서 허용이 되지만 엄격한 규범문법의 기준으로 보면 오류와도 같은 표현이

다. 가산명사 앞에 'fewer' 대신 'less'를 사용하거나 가정법 과거에서 'if I was in Japan…'처럼 'were' 대신 'was'를 사용하는 방식이다. 원어민도 그렇게 사용하곤 해서 오류로 보지 않고 말 문법의 유형으로 본다.

 A 범주의 머리말, 꼬리말, 과거진행형이나 불완전한 문장 형태, B 범주의 불변화사, 부가어, 수식어, 자기수정의 표지 등은 어떤 대면 대화에서나 쉽게 들리는 편이다. C 범주의 오류와도 같은 말 문법 역시 능숙도의 결핍으로 보이지 않으며 오히려 친밀함이나 자연스러움을 드러내는 전략적인 대화기술에 가깝다. 그렇지만 내가 수능 시험이나 중등학교 교과서에 나오는 영어 대화문을 연구해 보았을 때 그와 같은 말 문법은 거의 발견되지 않았다. 즉 화자의 말이 중단되거나, 머리말이나 꼬리말이 붙거나, 삽입어가 수시로 등장하는 방식이 교재나 시험에 나오지 않는 것이다. 교재나 시험의 대화가 자연스러운 대화처럼 들리지 않는 이유는 '말 문법'이 반영되지 않았기 때문이다.

 그렇다면 제2언어로 한국어를 배우는 학습자 대상으로 제작된 한국어교육 교재에는 말 문법의 속성이 제대로 반영되었을까?[27] 서울대학교출판문화원에서 출간한 한국어교육 3급(중급 단계) 교재는 전체 18개 단원으로 구성되었고 단원마다 '말하기' 소단원이 있으며 대화문도 매번 등장한다. 그것만 살펴봐도 말 대화의 특징인 머리말, 꼬리말, 대용어는 인색하게 사용되는 편이다. 꼬리말은 전체 단원 중에서 딱 세 번만 나온다. 말 차례가 빈번하게 교환되면서 협상적인 대화가 나와야만 부가의문문, 호격, 애매한 부가어나 수식어, 자기수정의 표지 등이 어색하지 않게 등장할 수 있다. 그렇지만 질문과 답변의 표준적인 문장 형태만 선호되니까 꼬리말조차도 교재에서 허락하지 않는다.

글과 말은 엄연히 다른데 글 대화를 가지고 말 대화를 가르친다. 물론 공식적인 상황의 말하기를 가르칠 땐 화자에게 문장 요소를 생략하거나, 모호한 부가어나 삽입구, 혹은 오류처럼 보이는 표현을 사용하라고 부추길 필요가 없다. 그렇지만 대화 기반의 말 공부를 교재로 배우고 시험으로 평가받는 다수는 초·중급 능숙도의 (어린)학습자다. 그들이 대면 대화를 제대로 배우려면 말 문법부터 허락되어야 한다.

교과서의 대화에는
말 문법이 등장할까?

 나는 중등학교 영어 교과서에 나오는 대화를 수집해서 관용적 표현, 모호한 어휘 등이 얼마나 배치되었는지 연구한 적이 있다.[28] 교과서에 나온 대화가 그나마 대화처럼 보이는 이유는 아마 대면 소통에 자주 등장하는 "Would you like a(n)…?" 또는 "How about…?" 등의 관용적 표현 덕분으로 보인다. 중학교 교과서에서도 "what's wrong", "why don't you"와 같은 구어 표현이 나오고 고등학교 교과서 또한 그러한 표현이 좀 더 빈번하게 등장한다.
 모호한 형태의 말 표현도 등장한다. 지진을 다룬 다음 대화에서도 "or something" 어휘가 등장하는데, 화자는 분명하게 말하지 않으면서 정보의 진실성에 관한 부담을 줄인다. 대면 소통에

서 흔히 사용되는 '모호하게 말하기' 전략이다.

> A : It's a series of big waves caused by an earthquake in the ocean.
> 이건 바다에서 지진에 의해 일어난 계속적인 파도 같은 것이야.
> B : I see. Maybe it came from Spanish or something.
> 그렇군. 아마도 스페인어나 뭐 그런 것에서 온 말이네.

영어 대화에 자주 등장하는 'or something', 'and stuff like that', 'and things', 'or stuff like that', 'and all that sort of thing', 'and this, that and the other' 등과 같은 모호한 표현은 능숙도의 결핍이라기보다 일종의 대화 스타일, 의사소통적 전략, 상대방을 배려하는 화법에 가깝다. 'uh', 'um', 'well, I mean', 'well, erm, you know'와 같은 삽입어 역시 비슷한 기능을 한다. 자신이 말하려고 할 때 일부러 삽입어를 사용하면서 시간을 끌고, 불확실한 정보에 대한 위험 부담도 낮춘다. 불편한 얘기를 들을 때 자신의 태도를 애매하게 드러내는 기술이기도 하다. 그렇지만 중등 교과서에서는 그와 같은 애매한 담화표지에 좀처럼 지면을 허락하지 않는다.

아래 대화를 보면 A와 B 모두가 Mr. Lee 선생님을 알고 있는 상황으로 보인다. 여기서 A는 Mr. Lee에 관한 정보('중학교 때 담임선생님')를 단번에 제공하면서 방문하자고 제안한다. B 역시 듣자마자 A의 제안을 수용한다. 애매하거나 망설이는 어떤 지점도 없다.

> A : Tina, do you have any plans after the final exams?
> 티나, 기말시험 이후에 어떤 계획 있니?
>
> B : No, do you have anything in mind?
> 없어, 넌 생각하고 있는 것 있니?
>
> A : I'm thinking we could visit Mr. Lee, our homeroom teacher from middle school.
> 난 우리 중학교 때 담임선생님 Mr. Lee를 뵈러 갈까 생각 중이야.
>
> B : That's a good idea.
> 그거 좋은 생각이다.

그렇지만 그것이 실제적인 대화라면 복수의 말 차례로부터 Mr. Lee에 관한 정보나 방문하자는 제안이 분산되었을 것이다. 즉 애매하면서도 조심스럽게 말하는 전략이 대화에서 드러났을 것이다. 위 교과서 대화를 좀 더 자연스러운 말 대화로 바꾼다면 아래처럼 재구성할 수 있다.

A : Tina?
 티나?

B : What?
 뭐?

A : Do you have any plans…
 너 어떤 계획이…

B : this weekend?
 이번 주말?

A : after the final exams?
 기말시험 이후?

B : No.
 아니.

A : ….

B : Do you have anything in mind?
 넌 생각하고 있는 것이 있니?

A : I'm thinking… we could visit Mr. Lee, or something.
 Mr. Lee를 뵈러 갈까 생각 중이야.

B : Mr. Lee? Mr. Lee?
 Mr. Lee라고? Mr. Lee?

A : Yeah, our homeroom teacher.
 그래, 우리 담임선생님.

B : I know, from middle school.
　　알아, 중학교 때.

A : Yeah, Mr. Lee.
　　그래, Mr. Lee.

B : That's a good idea.
　　그거 좋은 생각이다.

말 대화에서 어휘가 반복되는 건 어색하지 않다. 화자끼리 친밀하고 익숙한 화제를 다룬다면 말 차례마다 내용어가 많지 않을 수도 있다. 조금만 말하거나 비슷한 말을 반복하는데 말 차례는 자주 바뀐다. 어휘가 반복될 때는 유의어(예를 들어 children→kids)나 상위어(예를 들어 pig→animal)로 바뀔 수 있다. 그렇지만 중등학교 영어 교과서에서 어휘가 반복되는 비율은 전체 대화문 중 10퍼센트 안팎이었으며 유의어나 상위어로 어휘가 반복되는 대화전략은 거의 등장하지 않았다.

머리말과 꼬리말조차
인색하고 어색하다

    대면 대화처럼 보이게 하는 어떤 말 문법이 중등학교 영어 교과서에 등장할까? 대화를 수집해서 머리말, 꼬리말, 불완전한 문장 형태, 생략, 대용어, 의문문, 시제와 상^{aspect} [29], 화법^{reporting} 등을 구분하여 분석해 보니[30] 말 문법은 제대로 사용되지도 못했다. 물론 아래 대화처럼 일상적인 대화에 빈번하게 등장하는 단순 현재 시제가 자주 등장했고 (현재)완료형과 같은 동사 형태는 일부러 배제된 듯하다. 관용적 표현(예를 들어 'You know what?', 'Good for you', 'How about…?')도 종종 등장한다.

A : You know what? I have new computer.

그거 알아? 나 새 컴퓨터 샀어.

B : Really? Good for you.
진짜? 좋은 일이네.

A : How about playing some computer games after school today?
오늘 수업 마치고 컴퓨터 게임 하면 어때?

B : Sorry, but I can't. I have math test tomorrow. Maybe next time.
미안해, 할 수 없어. 내일 수학 시험 있거든. 아마도 다음에.

대면 대화라면 문장 정보 중 일부가 자주 생략된다. 말 대화는 실시간으로 진행되기에 화자는 말할 것을 모두 외우지 않고서는 완전한 문장 형태로 말할 수 없기 때문이다. 수시로 중단, 주저함, 다른 화자 말과 겹침, 혹은 상대방의 참견으로부터 깨어진 문장 형태가 등장한다. 그렇지만 교과서 대화에서는 여전히 지나치게 문법적인 문장이 선호된다. 문법적인 문장 정보가 제공된다면 굳이 말 차례를 빈번하게 교환하면서 대화자끼리 의미를 추정하거나, 수정하거나, 협상할 필요가 없다.

대면 대화는 맥락이 실시간으로 공유되기 때문에 대동사[do], 대부사[so]와 같은 대용어 사용도 빈번하다. 대용어로 단순하게 말하고 말 차례마다 문장 단위로 말하는 분량도 줄어든다. 'I was telling', 'she was saying'과 같이 (과거)진행형 화법도 일상적인 대화에서 자주 나타나는데, 일반적인 내용과 시점이 언급될 때도 사용된다. 그러나 교과서 대화에는 그와 같은 대용어나 화법 전략도 거의 나타나지 않는다. 규범적인 문법을 사용해야 한다는 지침 때문에 모두 의도적으로 배제되었을 수 있다.

또한 의문문 형태가 아니더라도 화제는 얼마든지 새롭게 생성되거나 부연될 수 있지만 교과서 대화는 질문 형태로만 새로운 화제를 제시한다. 구체적인 정보를 요구하는 의문문 문장이 자주 사용되는 한편 청자의 주의를 끌기 위해 전략적으로 사용되는 의문문은 거의 없다. 초·중급 수준에서, 혹은 10대 아이들의 실제 대화라면 대용어, 머리말, 꼬리말 등이 빈번하게 등장한다. 그러나 교과서 대화문에는 머리말, 꼬리말조차 없다. 대화를 가르치는 교재는 규범적인 글 문법에 결박된 채 말 대화를 습득하는 자연스러운 발달 단계조차 고려하지 않고 있다.

아래 교과서 대화를 보면 호격인 'Ms. Smith'와 'Justin'이 문장 앞 머리말로 위치해 청자의 주의를 이끈다. 말을 연결하는 담화 표지 'Oh'는 적극적으로 화자에게 반응을 드러내는 상호작용적 표지이기도 하다. 'Oh'는 중학교 교과서의 여러 대화에서 머리말 기능을 한다. 마지막 말 차례에 등장하는 'Ms. Smith'는 꼬리말 기능을 하는 호격이다. 머리말 호격의 기능과는 달리 호격의 꼬리말은 화자와 청자 사이의 사회적 관계를 조정하고 강화한다. 즉 대화자 간의 관계를 표시하는 것이다.

> A : Ms. Smith, you look angry. What's wrong?
> 스미스 씨, 화가 나보이네요. 뭐가 문제죠?
>
> B : Well, Justin, why don't you train your dog?
> 아, 저스틴, 당신 개를 훈련시키면 어때요?
>
> A : Excuse me? My dog?
> 뭐라고요? 내 개요?
>
> B : Yes. She barks a lot when she's home alone.
> 예. 개가 집에 혼자 있을 때 너무 짖어요.
>
> A : Oh, I'm very sorry.
> 오, 너무 미안합니다.
>
> B : I think you should train her.
> 개를 훈련시켜야 한다고 생각합니다.
>
> A : I'll try. Thank you, Ms. Smith.
> 그렇게 하겠습니다. 감사합니다, 스미스 씨.

그렇지만 교과서에서는 대화의 머리말과 꼬리말 사용이 인색하고도 어색하게만 보인다. 실제 대화에서는 화자가 명사구나 내용어를 문장 앞에 두고 중심 메시지로 언급하곤 한다. 그러나 교과서 대화는 호격이나 감탄사로 청자의 관심을 유도하는 기능으로만 사용한다. 꼬리말은 호격뿐 아니라 부가의문문, 평가 역할을 하는 표지어, 모호한 표현 등으로 더욱 다양하게 사용될 수 있다. 예를 들어 말하고자 하는 의도를 명확하게 하거나 상대방의 동의를 구할 때 'right?', 'yeah?', 'OK?', 'no?', 'or?' 등의 꼬리말이 사용될 수 있다.

4부

교실 밖 대화의 기술

미국 토크쇼에 나온 BTS 정국, 유쾌한 대화의 표본

방탄소년단BTS의 멤버 정국이 미국 NBC 토크쇼 〈더 투나잇 쇼 스타링 지미 팰런The Tonight Show Starring Jimmy Fallon〉에 출연했다. 정국이 영어 대화에 능숙하지 않아서 통역가가 돕거나 사전에 준비한 설정으로만 토크쇼가 진행될 수 있었겠지만, 그런 예상은 모두 빗나갔다. 정국은 다분히 즉흥적이면서도 자유롭게 지미 팰런과 대화를 나눴다. 영어로 많이 말하진 않았다. 그러나 호스트가 말할 때 적극적으로 듣고, 웃고, 표정이나 동작으로 반응했다. 천천히 또박또박 영어로 몇 문장을 전하기도 하고 심지어 한국어로도 대답했다. 예를 들면 이런 식이다.

지미 팰런 : Congratulations.
축하합니다.

정국 : Thank you.
감사합니다.

지미 팰런 : How does it all feel? Are these things that you imagined were possible?
이 모든 것이 어떻게 느껴지나요? 당신은 이 모든 게 가능하다고 상상했었나요?

정국 : You… you really make it sound like I'm a huge global pop star.
당신은… 당신은 내가 대단한 세계적인 팝스타인 것처럼 그렇게 말하네요.

관객 : (환호)

지미 팰런 : Well, yeah. This helps. Yes, yes, I think you are. I think you are, yeah.
아, 예. 그렇죠. 예, 맞아요. 나는 당신이 그렇다고 봐요. 난 당신이, 예.

정국 : 아… 솔직히 아… 상상… 이렇게까지 될 줄 몰랐어요. 자신감은 있었는데… 어 대개 아미들에게 너무 감사드리고… (관객 환호) 아미들 없었으면 못 이룰 성과라고 생각합니다. (관객 다시 환호)

지미 팰런 : Yeah, the best fans.
최고의 팬이죠.

정국이 한국어로 말하면 화면에 영어로 번역된 자막이 나왔다. 그걸 보고 지미 팰런은 반응하고 추가 질문도 했다. 정국은 ABC 방송국의 대표 프로그램인 〈굿모닝 아메리카Good Morning America〉에 출연해서도 비슷한 전략으로 영어 대화를 나눴다. 호스트가 한국어로 "반갑습니다"라고 인사하자 정국은 한국식으로 고개를 숙이며 화답한다. 이후엔 영어와 한국어를 섞어가며 대화를 이어간다. 인터뷰를 종료할 때 호스트가 "감사합니다"라고 인사한다. 미국 라디오 방송 〈엘비스 듀란 모닝 쇼Elvis Duran and the Morning Show〉에 출연했을 때도 영어 질문을 이해하고서 대부분 한국어로 대답했다. 물론 BTS 멤버니까 그렇게 대화할 수 있는 기회가 부여된 것이다. 그렇지만 정국만큼 유명하더라도 영어 대화를 능숙하게 하지 못하는 비영어권 스타라면 대개 그런 토크쇼에 나오지도 않는다.

 BTS 팬뿐만 아니라 전 세계 네티즌들이 편하게 대화를 나누는 정국의 모습이 보기 좋다고 호평했다. 예전에 김대중 전 대통령은 국제기구에서 연설하거나 해외 언론사와 인터뷰를 할 때 영어로 하곤 했다. 그때만 해도 대통령이 하는 영어에 한국식 억양이 드러나니 영어를 하지 말라고 타박하던 사람도 많았다. 한국어 문화 콘텐츠가 전 세계적으로 영향력을 가진 덕분이겠지만, 이제는 영어로 말하는 자리에서 한국어를 사용하는 것뿐만 아니라 복수의 언어들이 공존하고 횡단하는 모습이 친밀하게 보인다.

예전엔 정국처럼 영어를 하는 모습이 코미디 소재로 자주 등장했다. 코미디 프로그램 〈코미디 빅리그〉에서 개그맨 양세찬은 영어만 사용할 수 있는 화자에게 오직 동작, 표정, 한국어, 혹은 간단한 영어단어 몇 개로만 대화를 나눈다. 대화는 그럭저럭 유지되지만 결국 오해가 생기고 영어를 사용하던 화자는 화를 내거나 도망을 간다. 영어를 어설프게 사용하는 대화는 웃음거리일 뿐 불통, 오해, 결핍, 문제만 만든다는 사회적 통념이 반영된 코미디다.

그렇지만 이제 정국처럼 태연하고도 능청스럽게 복수의 언어를 상호보완적으로 사용하는 모습이 미디어에 자주 나온다. 2023년 11월 유튜브 채널 〈영국남자〉에 영국 프로축구팀 울버햄튼 원더러스 FC 소속 선수들이 출연했다. 황희찬 선수가 팀 동료들에게 한국 분식이라며 떡볶이, 튀김, 어묵 등을 소개하는 영상이었다. 영국 프로축구 리그는 전 세계에서 축구를 잘하는 선수들이 모인 곳이다. 그만큼 다양한 나라에서 여러 인종이 모였는데, 당시 울버햄튼도 1군 28명 중에 잉글랜드, 아일랜드, 웨일스 출신 선수는 딱 7명뿐이었다. 나머지 선수들은 한국, 프랑스, 알제리, 스페인, 포르투갈, 브라질, 가봉 등에서 왔으니, 그들은 축구장 안팎에서 단일한, 표준적인, 지배적인 단 하나의 언어만 고집하며 지내지 않는다. 분식을 먹는 영상에서도 영어가 주로 사용되었지만, 여러 언어와 기호가 섞인 유쾌하고도 역동적인 대화가 들렸다.

매력적인 멀티링구얼 캐릭터, 그들의 대화기술

　복수의 언어자원을 교차적으로 사용하는 멀티링구얼 캐릭터들이 미디어에서 매력적으로 등장하고 있다. 국내 TV 드라마 〈미스터 션샤인〉에서 주인공 유진 초이는 조선 출신이지만 미국에서 성장한 미국 장교다. 조국으로 돌아와서 여러 상황마다 영어, 일본어, 한국어, 혹은 다양한 동작이나 표정의 기호자원을 선택적으로 사용하는 모습이 잘 그려져 있다. 넷플릭스에서 스트리밍되었던 스페인 드라마 〈종이의 집〉(원제 〈La Casa de Papel〉, 영어 제목 〈Money Heist〉) 역시 일본, 독일, 미국, 브라질에서 온 은행 강도들이 영어를 그럭저럭 사용하면서 다양한 언어자원을 적극적으로 활용하는 모습이 나온다.
　디즈니 영화 〈릴로 & 스티치^{Lilo & Stitch}〉의 스티치는 영어를 어중간하게, 그러나 매력적으로 사용하는 캐릭터다. 하와이에 정착한 외계인인 그는 영어를 배웠지만 사람들과 소통할 때 외계어도 자주 사용한다. 예를 들어 스티치는 자신을 잡으러 온 외계인을 영어로 놀리다가 갑자기 외계어를 사용하는데, 그때 외계인은 스티치가 자신에게 나쁜 말을 했다며 화를 낸다. 전략적으로 복수의 언어들을 횡단하면서 대화하는 스티치의 모습이 참 귀엽다.

스티치는 대화 맥락과 자신의 필요에 따라 외계어도 쓰고, 영어도 쓰고, 하와이어도 쓴다. 스티치가 겪는 일화에서 빈번하게 등장하는 주제가 가족애이며 스티치는 'family'를 의미하는 'Ohana'라는 어휘를 자주 사용한다. 관객은 'family'라는 익숙한 영어 어휘와 달리 'Ohana'를 들을 때마다 묘한 친밀감을 느낀다. 그렇게 보면 미국 토크쇼에서 어색하게 영어를 하는 정국, 모든 언어를 어중간하게 사용하는 스티치, 서울에 살면서 경상도 방언을 사용하는 우리 이웃 모두 이상한 말을 하는 결핍된 존재가 아니다. 오히려 그렇게 말하는 존재성으로부터 특별하고도 구별되어 보인다.

미디어에서 누군가 언어를 섞어서 사용하는 모습을 바라보며 시청자는 왜 호기심을 가질까? 콘텐츠 제작자는 언어들을 혼합하여 사용하는 매력적인 캐릭터를 개발하거나 발굴하려고 애쓴다. 어쩌면 한국인 힙합 뮤지션들이 한국어와 영어를 횡단하며

(심지어 중국어나 일본어 어휘까지 조합하면서) 곡을 만드는 이유도 그런 것 아닐까? 언어들이 그렇게 공존하고 교차될 때 익숙한 의미는 낯설고도 창조적으로 재조형될 수 있기 때문이다.

복수의 언어들이 매력적으로 들리는 장면은 여러 영화에 등장하는데 그중에서도 〈러브 액츄얼리 Love Actually〉에 나오는 제이미와 오렐리아의 대화를 좋아한다. 콜린 퍼스 Colin Firth가 맡은 제이미 역할은 애인에게 차이고 한동안 프랑스의 조그만 도시 마르세유에서 집필 활동을 하는 영국인 작가다. 그곳에서 포르투갈어를 사용하는 살림 도우미 오렐리아를 만난다. 둘은 대화를 나누면서 호감을 느끼고, 사랑을 싹틔운다. 재미있는 점은 오렐리아는 자신의 모어 포르투갈어로 제이미에게 말하고 제이미는 오렐리아에게 영어로 말하는데, 서로는 상대방 언어의 지식이 부족하지만 언뜻 보기에도 대화는 대화답게 자연스럽게 연결된다는 것이다.

안타깝게 둘은 헤어지는데 제이미는 영국에서 오렐리아를 그리워하며 포르투갈어를 배운다. 그리고 크리스마스 이브에 용기를 내어 다시 오렐리아를 만나러 간다. 제이미는 오렐리아가 일하는 레스토랑에 가서 동네 사람들이 지켜보는 앞에서 이렇게 말한다.

제이미 :	(포르투갈어) Claro, não espero que você seja tão tolo quanto eu e, claro, prevejo que você diga não… mas é Natal e eu só queria… verificar. 물론, 당신이 나만큼 바보 같지는 않으니까요. 그래서 당신이 거절할 것을 알고 있어요. 그래도, 크리스마스니까요. 확인해 보고 싶었어요.
오렐리아 여동생 :	(포르투갈어) Oh, Deus, diga sim. seu idiota magro. 아 좀, 알았다고 해. 말라빠진 멍청아.
오렐리아 :	Thank you. That will be nice. Yes is being my answer. Easy question. 고마워요. 좋을 것 같아요. '좋아요'가 제 대답이 될 것 같아요. 간단한 질문이니까요.
제이미 :	You learned English? 영어를 배웠어요?
오렐리아 :	Just in cases. 혹시 몰라서요.

제이미만 재회를 꿈꾸며 오렐리아의 언어를 배운 것이 아니었다. 오렐리아도 어찌 될지 모르니 Just in case 영어를 배우고 있었다. 그들은 자신의 모어에 상대방의 언어를 보태며 뜨덤뜨덤

4부 교실 밖 대화의 기술   193

대화를 나눈다. 그들이 결코 어리숙하게 보이지 않았다. 단일한 언어만 사용할 수 있는 정체성과 관계성을 폄하할 건 없다. 마찬가지로 복수의 언어들을 교차적으로 사용하고, 모어를 사용하면서 다른 언어도 보태며 대화하는 자신을 부끄러워할 건 없다. 그것 역시 고유한 자신만의 삶이고 멋진 대화의 기술이다.

트랜스링구얼, 경계를 넘나드는 다중언어적 대화자

'횡단', '초월'의 의미를 지닌 접두사 '트랜스trans-'가 '링구얼 lingual(언어의)'과 결합한 '트랜스링구얼translingual'은 다양한 언어, 기호, 기타 자원을 복잡하고도 예측할 수 없는 방식으로 조합하고 사용하는 화자를 지칭한다. 낯선 개념이니 언어의 횡단성 transverality에 대해 조금만 더 설명하고자 한다.[31]

유동 인구가 급증하고 온라인 문화도 발달하면서 국가 간 지정학적 경계가 모호해진다. 다양한 언어문화를 경험한 개인과 집단의 접촉이 활발해지면서 트랜스링구얼의 의사소통 방식, 혹은 대화기술이 새롭게 해석되고 있다. 언어의 횡단성을 이상하거나 결핍된 속성으로 볼 건 없다. 오히려 나름의 고유한 스타일로 봐야 한다.

우리는 대화를 어디서 누구와 어떤 언어로 나누는가? 이런 질문에 우리 중 다수는 한 가지 언어만을 사용하는 '모노링구얼'의 대화를 떠올릴 것이다. 한국인이 한국에서 한국어로 가정, 이웃, 학교, 직장에서 대화를 나눈다. 어쩌다가 외국어인 영어를 제한적으로 사용한다. 모노링구얼이 지배하는 곳이라면 태어날 때부터 소속된 지리적 장소, 단일한 민족성, 모국어 능력을 갖춘 원어민에게 일종의 선민의식마저 부여된다.

그렇지만 이주, 기술과 자본의 전 세계적인 이동이 모노링구얼만의 세상을 바꿀 '문명적 전환'을 허락했다. 관광, 유학, 취업, 이민, 결혼, 귀화, 여행 등의 이유로 초경계적 정체성으로 살아가는 트랜스링구얼의 삶이 상수가 된 것이다. 과학과 기술, 미디어와 콘텐츠, 대중문화와 문화산업이 크게 발달하면서 국가, 지역, 민족성, 인종 등의 전통적인 경계선에 얽매이지 않으면서도 다양한 언어자원이 유희적이고 역동적으로 교환되는 접촉지대 contact zone가 급증했다. 거기선 고정된 언어, 단일한 규범, 표준적인 대화만 고집할 수 없다.

미국 토크쇼에서 보여준 BTS 정국의 횡단성도 온라인 접촉지대에서 새롭게 유포된다. 영어와 한국어, 몸과 공간의 기호로 소통하던 정국의 모습은 새로운 언어로 더빙되고, 자막으로 번역되고, 여러 시각적 패러디로 다시 가공된다. 한국만의 영토성, 한국인만의 동질성, 한국어만의 고정성을 핵심 가치로 삼는 '우리'

만의 단일언어주의는 아직도 지배적인 이데올로기로 기능하고 있지만, 그와 동시에 다양성, 혼종성, 유동성을 핵심 가치로 삼는 트랜스링구얼의 접촉지대도 빠르게 확장되고 있다. 접촉지대는 다양한 사회문화적 배경을 지닌 주체가 만나는 곳이기 때문에 능숙하게 타협하고 소통하는 만큼 오해하고 충돌하고 대립하는 공간이기도 하다. 이질적인 주체가 서로 다른 언어로 소통한다면 오해와 화해, 타협과 갈등이 역동적으로 교차될 수밖에 없다.

원어민 언어, 제1언어, 공식어, 표준어만을 중시하는 모노링구얼 시선으로 보자면 이질적이거나 주변적인 언어를 사용하는 이주민, 유학생, 비원어민 등은 모두 임시 방문자, 부적합한 언어사용자, 심지어 침입자처럼 보일 것이다. 표준 한국어를 자신만이 사용할 수 있고 소유하고 있다는 특권 의식까지 있다면 비원어민이나 이주민이 사용하는 한국어, 혹은 한국어와 기타 언어들을 혼합해서 소통하는 트랜스링구얼 대화는 결핍이나 문제투성이로 들릴 것이다.

앞서 2부에서 다룬 언어사용의 위생화나 맥도날드화 현상도 모노링구얼 사고가 지배적이었던 시대 풍조와 무관하지 않다. 모노링구얼이 주도하는 규범이 창궐하면 결국 단일하고 표준적인 언어, 예쁜 말, 말끔한 대화가 선호된다. 그러나 트랜스링구얼의 정체성이나 대화기술이 미디어에서 긍정적으로 재현되고 있다. 트랜스링구얼은 동작, 표정, 옷차림, 춤, 노래, 이모티콘, 도식, 영상 등을 창의적으로 조합하면서 낯설지만 매력적인 의사소통 전략을 보여주고 있다.

모노링구얼이라면 분석이나 정복의 대상인 명사형 '랭귀지 language'에 집착하지만 트랜스링구얼은 명사형이 아니라 동사형 '랭귀징languaging' 속성, 즉 의미가 역동적으로 옮겨지고 생성되는 행위성에 전념한다. 다원성을 핵심 가치로 삼는 접촉지대의 화자는 본질적이거나 규범적인 의미에만 집착하지 않고 의미를 다시 전유하고 재구성하는 개방적인 태도를 보인다. 의사소통을 시도하면서 발생하는 서로 다른 규범의 충돌은 크게 중요하지 않다. 접촉의 일상성, 횡단의 자원성, 모호하지만 괜찮다는 관용적 태도가 더 중요하다.

트랜스링구얼 대화는 온라인 공간에서 쉽게 발견할 수 있다. 내게는 해외에 거주하는 한국인 가정도 흥미롭다. 예를 들면 미국으로 이주한 한국인 가정의 부모 세대는 자신의 모어인 한국어를 주로 사용하는데, 자녀 세대는 한국어를 제한적으로 이해할 뿐이고 영어 사용을 선호한다. 부모와 자녀, 심지어 나이 차이가 있는 형제, 대화기술이 다른 한인 교포 부부 사이에서도 단일한 언어사용 규범이 일방적으로 부과될 수 없다. 복수의 언어들과 다양한 기호자원이 전략적이면서 임시방편적으로 동원되는 중에 그들은 트랜스링구얼로 소통하는 삶에 익숙해지고,

독특하면서도 긍정적인 언어정체성을 유지할 수 있다. 부모 세대는 영어도 사용할 수 있지만, 외국에서 살아가면서 한국어 자원이 여전히 유효하다는 자부심이 있다. 자녀 세대는 영어를 사용하면서도 제한적이나마 한국어 자원을 사용하는 편리함이 있다. 그들이 일상적으로 사용하는 다중언어적 대화polyglot dialog는 한국인이지만 외국인이고, 외국인이지만 한국인으로 살아야 하는 삶의 기술, 정체성의 표지이기도 하다.

'공간적 전환', 새롭게
의미를 구성하는 방법

    천장이 조금만 더 높아도 창조적인 사고를 할 수 있다는 주장이 있다. 미네소타대학교의 조앤 마이어스-레비^{Joan Meyers-Levy} 교수는 천장 높이를 30센티미터 높일 때마다 사람들이 문제를 해결하는 능력에 변화가 생긴다는 것을 발견했다. 공간이 달라지자 사고방식도 달라진 것이다. 천장이 높고 폭이 넓은 공간에서 일하는 직원에게서 새로운 아이디어가 잘 나온다. 반면에 천장이 낮고 좁은 곳에서 일하는 직원은 사물을 꼼꼼하게 바라보며 일을 완벽하게 처리하려고 한다.[32]

    촘촘한 도시 공간이나 아파트 거주가 답답하다며 도시 외곽이나 전원주택에서 사는 삶을 선택하거나, 주말마다 교외로 나가 여가를 보내는 사람이 늘고 있다. 실내 결혼식장은 좁고 여유가 없다며 야외 결혼식이 인기를 끈다. 집은 소유하지 못해도 자신의 홈페이지 공간은 번듯하게 꾸민다. 화려한 아이템이 가득 채워진 인스타그램 공간도 선호되지만 텅 빈 여백의 온라인 공간도 인기를 모은다. 구글은 일찌감치 미니멀리스트 웹 인터페이스의 선구자 역할을 감당했다. 〈삼시세끼〉와 같은 예능 방송을 보면 극적인 위기나 해결의 서사가 드물다. 출연진이 섬, 산촌, 농촌, 어촌 등에서 며칠 묵으면서 한가롭게 밥 먹고 소일하는 공간성이 부각된다. 거기서 우리가 살아가는 삶과 세상 질서에 새로운 의미가 부여된다.

자기만의 공간이 없는 사람도 있다. 혹은 자기만의 공간적 레퍼토리에 흥미도 없거나 별다른 의미를 부여할 수도 없는 쓰레기로 자기 삶의 공간을 채우는 사람도 있다. 그렇지만 인생을 바꾸려면 공간을 바꾸어야 한다. 이것은 새로운 논점도 아니다. 프랑스 철학자 앙리 르페브르Henri Lefebvre가 자신의 저서 《공간의 생산》[33]에서 이미 주장했다. 여기서 '공간'의 개념은 (인간 주체가 마음대로 가공할 수 있는) 고정적이고 물리적인 장소place와 다르다. 공간은 인간의 행위와 의식을 창조적으로 변화시킬 수 있는 자원들이 위치한 곳이다. 인간은 공간성의 자원과 원리로부터 (모순적이지만) 역동적으로 반응하고 변화하는 주체로 봐야 한다.

2부에서 다룬 맥도날드화로의 전환은 모더니티 원리를 시간성의 축으로 발전시킨 원리다. 사회구조를 이전^{before}-이후^{after}로 구분하고 모더니티 원리를 투입했더니 이후에 생산성의 변화가 가능했다는 논리다. 모더니즘이 지배하는 사회적 공간은 이와 같은 (역사적) 발전과 진보, 즉 이전-이후의 시간성 비교가 많다. 개인과 사회의 변화는 나이, 진화, 발달 단계 등 모두 직렬로 진행되는 시간의 축으로 설명된다. 그러나 이분법적이거나 단계별 사고방식, 분리주의, 환원주의, 진보주의 등이 전제되는 시간 축의 의미구조를 비판하는 학자도 많다. 거대하고 보편적인 시간성의 의미체계에 전념하면 '지금 여기' 혹은 자신만의 서사, 서로 다른 일상의 미학이 제대로 드러나지 못하기 때문이다. 이와 같은 시대 풍조의 변화를 '공간적 전환$^{spatial\ turn}$'이라고 부를 수 있다.

　MZ세대가 세상에 두각을 나타내면서 그들이 욕망하는 공간의 속성이 보고되곤 한다. 그러나 '공간적 전환'의 논리로 보면 이미 누군가의 욕망을 채울 수 있는 자본화된 공간(의 문화)이 세상에 먼저 드러나고, 그것을 미디어를 통해 접한 특정 집단이 거기 모인 것으로 해석된다. MZ세대가 공간을 만든 게 아니라, 만들어진 공간을 찾은 집단이 MZ세대로 호명된 것이다. 다른 예시를 들자면 요즘 청년들이 공부하고 일하는 공간으로 탁 트인 통창이 있는 카페를 선택한 것이 아니다. 그와 같은 경관의 문화공간이 카페에 드러나면서 청년들의 사회적 활동이 그와 같은 카페 공간에 맞게 재구성된 것이다.

  프랑스 역사학자 필리프 아리에스 Philippe Ariès는 '사생활'로 부를 수 있는 유럽의 문화양식을 '침실'이라는 문화공간으로 설명했다. 유럽인에게 사생활이 생기면서 침실이 생긴 것이 아니라, 침실이라는 문화공간이 등장하면서 사생활을 누릴 수 있는 인간성, 의식, 행위, 관례, 사회질서 등이 생겼다는 논리다. 침실이 거실과 식당과 구별되는 공간으로 생겨나면서 사랑하는 부부, 행복한 가족의 사생활이 관념화된 것이라는 논리는 꽤 설득력이 있다. 달리 말하면 아빠든 엄마든 가족 구성원 누군가의 사적 공간이 집안에서 허락되지 않는다면 자신만의 공간적 자원, 자기 삶의 정체성 표지가 제대로 도출될 수 없다는 추론이 가능하다.

트랜스링구얼의
공간자원 활용법

 우리는 대화를 어떻게 공부하는가? 대개 신중하게 선별한 인풋을 분석하고 학습하고 암기한다. 그것을 머리에 잘 저장해 두고 필요할 때마다 아웃풋으로 꺼내서 사용하려고 한다. 혼자서, 열심히, 그리고 효율적으로 인풋을 잘 저축해 두면, 과거보다 지금, 지금보다 미래에 더 나은 언어사용자가 될 것이라 상정한다. 초급에서 중급이 되고, 중급에서 상급 수준으로 언어능력이 향상된다. 이러한 발상은 보편적 인간인 학습자 개인이 입력과 출력을 효율적으로 관리하면서 능력이 발생한다는 인간주의, 언어주의, 분리주의 기반의 언어습득 이론이다.[34] '입력-저장-출력' 모형으로 언어습득을 설명하려면 언어능력은 개인이 보유한 내재적이고 보편적인 능력이라고 먼저 전제해야 한다. 대화를 하는 과정은 인간의 '귀(로 듣고) → 머리(에 저장하고) → 입(으로 전하는)' 경로를 거친다.

트랜스링구얼은 머리에 저장된 언어 지식만 꺼내어 소통하지 않는다. 눈으로만 바라보고 귀로만 듣고 입만 여는 화자도 아니다. '여기와 저기' 보이는 공간 안팎에 흩어져 있는 다양한 레퍼토리를 활용해서 소통한다. 머리에 저장되지 않은 바깥의 경관, 언어의 형태가 없는 공간의 자원, 보이지도 들리지도 않는 맥락적 지식도 동원된다. 실제적인 의사소통 상황에서 대화를 제대로 못하거나, 해볼 엄두조차 나지 않는다면 머리에 저장된 인풋이 부족한 것이 아니다. 머리 바깥에 있는, 사람 사이에 넘치는 공간적 자원으로 대화하지 못한 것이다.[35]

개그맨 김경욱은 스스로 만든 캐릭터 '일본인 다나카'로 활동했다. 그는 일본인이 아니지만 일본인처럼 보일 수 있었던 것은 웃음을 유도할 수 있는 나름의 레퍼토리가 적절하게 활용되었기 때문이다. 한국어나 일본어 중 하나만을 엄중하게 선택했다면, 한국어를 어리숙하게 하면서 가끔씩 일본어를 구사하는 정체성 자원이 드러나지 못했을 것이다. 학습자나 수험자의 정체성에 결박되었다면 일본인은 아닌데 일본인처럼 보이는 공간적 자원이 활용되지 못했을 것이다.

영어로 대화를 나눠야 하는데 쉽지 않다면 마찬가지로 추론해 볼 수 있다. 대화를 나눌 만한 어휘나 문법 지식이 충분히 머리에 축적되지 않은 탓일까? 그렇지 않다. 언어뿐만 아니라 비언어적, 공간적 자원까지 잘 활용된다면 일상적인 대화는 어렵지 않다. 대면 대화는 누구나 감당할 수 있다. 대단한 지식을 요구하지도 않는다. 그렇지만 나 혼자 애를 쓰고, 상대방 얼굴만 쳐다보며, 머리에 든 것을 꺼내고, 입을 열어 정보를 효율적으로 전하는 것이 대화라고 생각한다면 대화는 수백 명 청중 앞에서 발표를 하는 것만큼 어려워진다. 2부에서 다룬 맥커뮤니케이션 화자는 머리에 외워 둔 것을, 혼자서, 화면이나 지면의 글자만 집중하면서, 후다닥 입을 열어 말해야 한다. 그런 대화라면 누구도 편하게 말할 수 없다.

자신에게 익숙한 어디선가, 잘 알고 있는 누군가와 대화한다면, 그 공간의 보이고 들리는 모든 레퍼토리는 의미를 교환하고 수정할 때 유용한 자원이 된다. 예를 들어 상대방이 빨간색 옷을 입고, 빨간색 기타를 둘러메고 있다면, 빨간색 사물은 대화를 시작하고 화제를 전환할 수 있는 좋은 밑천이 된다. 영어가 능숙하지 않지만, 한국인 선수들이 영국이나 프랑스 프로축구 리그에서 활약한다. 국내 프로 스포츠 구단에도 해외에서 유입된 외국인 선수들이 있다. 그들은 감독, 스태프, 관중, 동료 선수와 어떻게 소통할까? 영양사에게 식단에 대해 문의하고, 트레이너와 몸을 관리하고, 팀 닥터에게 고통을 호소하거나, 동료들과 작전을 의논하는 대화가 어떻게 가능할까? 목표언어의 문법지식에 능숙하다면 대화를 잘 감당할 수 있는 레퍼토리 하나를 확보한 것이지만 그것이 부족하더라도 그들에게는 오랫동안 익숙한 축구장 안팎의 비언어적이고 공간적인 자원이 있다.

중국계 태국인 4세이며 SM엔터테인먼트 소속 아이돌 텐은 어떻게 한국의 다국적 아이돌 그룹 NCT, SuperM, 중화권 기반의 다국적 그룹 WayV에서 활동할 수 있을까? 그는 열여섯 살에 한국에 와서 연습생 생활을 했는데 한국에 있는 기획사가 중화권에서 활동하는 아이돌 그룹을 만들 때 선발된 태국인이다. 여러 멤버와 표준 중국어로 소통하지만, 필요에 따라 영어, 한국어, 태국어도 사용한다. 모국어가 중국어인 멤버 쿤과 대화할 때는 한국어를 주로 사용하고, 대만 국적을 가지고 있지만 어릴 때 독일 국제학교에서 성장한 양양과는 영어로 소통한다. 그들이 찍은 유튜브 영상을 보면 하나의 언어만이 지배적으로 사용될 수 없는 상황이 자주 나온다. 멤버들이 모든 언어에 능숙한 건 아니기 때문에 트랜스링구얼만의 전략이 동원되지 않을 수 없다.[36]

그런 점에서 보면 앞서 논의한 영어마을이나 LG전자의 영어 공용화 현장에서도 '영어만' 사용하는 모노링구얼이 아니라 어떠한 언어와 기호든 전략적으로 동원하는 의사소통 방식이 수용되었다면 좋았을 것이다. 규범의 언어학, 전통적인 언어학습법을 배제하자는 것이 아니다. 원어민 기준, 인간의 인지 장치,

표준적인 언어형태만을 강제하지 않고 물질과 비물질, 언어와 비언어, 인간과 비인간 사이의 보완적인 상호작용을 긍정적으로 보자는 것이다.

이걸 조금 복잡하게 설명하려면 레비 브라이언트Levi Bryant의 '편평한 존재론flat ontology', 혹은 '객체 지향성object-oriented ontology' 논점을 참고할 수 있다. 편평한 존재론은 인간과 언어를 포함한 존재하는 모든 것이 동등하고도 연결된 존재자 혹은 객체로 본다. 인간(중에서도 원어민, 백인, 미국인)이나 언어(중에서도 표준적이고 권력적인 영어)에만 차별적이거나 특권적인 위치성을 주지 말고, 우리가 가르치고 배우고 사용하는 의사소통 활동에 모든 공간적(비인간 객체들의) 자원을 긍정적으로 바라본다면 우리의 대화교육은 모더니티의 유령에서 벗어날 수 있다. 비언어적이고 공간적인 대화자원에 관한 감수성이 높아진다면, 인간의 보편적 언어, 언어의 표준적인 형태에 관한 강박(맥도날드화) 또한 사라질 수 있다.

오리고, 붙이고,
편집하는 대화

　우리는 흔히 '프리 토킹free talking'을 할 수 있는 역량을 갖추기 위해 대화에 필요하다는 언어지식을 우선적으로 학습한다. 파닉스부터 시작해서 핵심 어휘를 외우고, 문법을 공부하고, 원어민이 사용하는 다양한 표현법을 숙지한 후에 '프리한 토킹'을 시작할 수 있다고 믿는다. 프리하게 토킹이 잘 안되면 다시 혼자서 유튜브를 보거나, 미드에 나온 대화를 통째로 암기하거나, 원어민 선생님의 수업을 듣는다.

　힙합이라는 음악 장르를 예시로 두고 다시 생각해 보자. 힙합이 너무 좋아서 더 알고 싶고 배우고 싶다. 그렇다면 어떻게 힙합을 배워야 할까? 힙합에서 최고로 꼽히는 곡을 선택하고, 리듬과 가사를 난이도별로 나누어 혼자서 공부하면 될까? 랩이 잘 안될 때마다 박자를 쪼개어 분석하고 유명 래퍼의 곡을 비슷하게 흉내만 내면 될까? 혼자서 분석하고 따라하고 외우는 힙합 공부는 금방 지루해지거나 어렵게만 느껴지고 흥미를 잃게 될지도 모른다.

지속 가능한 수준으로 힙합을 알아가려면 일단 여러 곡을 다양한 매체를 통해 듣고, 보고, 그리고 대충이라도 자주 불러봐야 한다. 비트만 잘 따라가도 힙합처럼 들린다. 표정이나 동작, 또는 옷차림도 중요하다. 스마트폰을 만지작거리며 자기 스타일만의 힙합 음악을 만들 수도 있다. 그렇게 힙합의 공간적 자원이 활용되면서 우리는 힙합을 조금씩 알아간다.

힙합 음악에 대해 잘 모르겠다면 노래방이란 공간을 예로 들어보자. 노래방은 직장 동료나 가족, 애인과도 갈 수 있는 곳이다. 유명한 곡을 선택해서 보컬 레슨이라도 받으면서 마디별로 끊어서 집중 연습을 해야만 노래방에서 노래를 잘하는 건 아니다. 노래방에 있는 공간적 자원으로 '그럴듯하게' 노래를 하는 전략도 중요하다. 예를 들면 옷을 근사하게 입고 마이크라도 멋지게 잡는다. 고음을 낼 때 가수처럼 표정을 짓는다. 춤을 잘 춘다면 댄스곡을 선택한다. 소품을 이용해서 재미난 몸동작을 보여준다. 예능 방송 〈복면가왕〉만 보더라도 우리는 누군가 노래를 할 때 가사와 박자만 집중하지 않는다.

대화학습도 다를 바 없다. 말끔한 언어로 입력-저장-출력을 관리하려고만 하지 않아도 우리는 자연스럽게, 무엇보다 즐겁게 대화할 수 있다. 대화가 생성되는 여러 공간에 익숙해지고 거기 배치된 자원을 자기 방식으로 조합하고 활용하는 요령만 습득하면 우리는 대화를 얼마든지 할 수 있다. 이와 같은 대화 기술은 다양한 재료를 수집하고 편집하면서 하나의 작품을 만드는 아상블라주assemblage 작업을 연상시킨다.[37] 수집, 집합, 조립을 의미하는 아상블라주는 평면적인 회화 구도에 금속, 나무, 유리, 종이, 플라스틱 같은 일상적인 소재를 붙이고 조합하면서 특별한 의미를 부여하는 예술 제작의 기법이다. 평면에서 재현되는 콜라주collage 작품과 구분된다.

    아상블라주는 의미를 전달하는 집합체인 셈이다. 여럿이 모여 구성된 의미 덩어리를 굳이 개별적인 양식mode으로 분해하고 분석할 필요가 있을까? 어디까지 금속이고 어디가 종이인지, 무엇이 그림이고 글자인지, 어디서부터 파란색이고 빨간색인지 굳이 그렇게 분리하지 않고서도 집합체는 덩어리로 뭉쳐져서 나름의 의미가 생성되고 또 전달될 수 있다.

    눈에 보이고 들리는 언어뿐만 아니라 여기저기 배치된 비언어적이고 공간적인 자원을 모두 활용하여 대화를 나눈다면 그건 예술가가 아상블라주 작품을 만드는 작업과 다를 바 없다. 대화마다 의미덩어리를 촘촘하게 분리하고 분석하지 않아도 된다. 머릿속에 저장된, 혹은 입 밖으로 나오는 언어를 매번 구분하고 암기하지 않아도 된다. 대화라는 의미덩어리를 감당하려면 개별적 양식의 경계가 허물어진 아상블라주적 자원이 동원되어야 한다.

아상블라주가
대화의 자원이 될 때

　머리로 인지하고 입으로 전하는 언어정보, 단일하고 표준적인 언어형태, 모노링구얼만의 언어정체성에 속박되지 않는다면 우리는 유연하고도 전략적으로 어떤 대화든 감당할 수 있다. 누구도 언어마다 원어민처럼 말할 수 없다. 차라리 다양한 언어와 기호를 학습했지만 어딘가 부족한, 달리 말하면 불완전하게 들리더라도 실제 대화에서는 유능할 수 있는 '트런케이티드 멀티링구얼truncated multilingual(어딘가 일부 잘린 멀티링구얼)'로 소통해야 한다.

　예전에 한마디 말도 나누지 않고 처음 보는 이성에게 관심을 표시하고 호감을 구하는 어떤 남자의 대화 장면이 화제를 모은 적이 있다. 해당 장면과 대사가 정확하게 기억나지 않지만 아래 대화처럼 눈을 맞추고, 손으로 가리키고, 찡긋하는 표정을 짓고, 고개를 끄덕이면서 말하려는 의도를 상대방에게 전달한다.

> 남 : (캠퍼스 벤치에 있는 여성 옆자리에 앉는다)
> 여 : Hello.
> 　　안녕하세요.
> 남 : (아무 말 없이 핸드폰을 여성 쪽 테이블에 밀어둔다)
> 여 : (놀라는 표정으로) What?
> 　　뭐죠?
> 남 : (입술을 다물며 찡긋한다)
> 여 : (살짝 웃는 표정으로 바라본다)
> 남 : (고개를 끄덕인다)
> 여 : What, you want me to put in my phone number?
> 　　뭐요? 여기에 전화번호를 입력하길 원하나요?
> 남 : (두어 차례 끄덕인다)
> 여 : (웃으면서 전화번호를 입력한다) What's your name?
> 　　당신 이름은 뭔가요?

어쩌면 남자의 인상이 좋아서 전화번호를 쉽게 얻었을 수도 있겠다. 언어정보가 빈약하다면 비언어적 소통이 매번 성공적일 수 없다. 그렇지만 언어만큼이나 비언어도 충분히 소통 가능한 자원이다. 일상적인 소재나 폐품조차 아상블라주 작품의 재료가 되듯이 대화를 수행할 때 우리 주변에 존재하는 모든 것이 소통을 위한 자원으로 전환될 수 있다.

내가 매일 수행하는 학술 활동도 그렇다. 나는 머리에 저장한 언어정보로만 작업하는 것이 아니다. 내 일상의 공간을 가득 채운 자원으로 참고하고 생각하고 소통한다. 예를 들면 새로운 기획안을 구상하는 과정에서 논증적인 글만 참조하지 않는다. 예전에 본 그림, 사진, 영화도 떠올린다. 눈길을 끄는 이미지는 파일로도 저장되어 있다. 논문이나 책을 만드는 과정에서 내가 자주 하는 작업은 아이패드 메모장에서 아웃라인을 점검하는 것이다. 촘촘한 글보다 도표나 그림으로 복잡한 논증을 시각화한다. 문서편집 앱 에버노트도 자주 사용한다. 다양한 유형의 텍스트를 어지럽게 붙여두고 적당하게 배열해 두었다가 적절한 때마다 편집을 하기에 딱 좋은 공간이다. 나는 하나의 모니터에 빈 화면을 띄워두고 문법적인 문장들을 차례대로 채워가는 절차로 일하지 못한다.

외국인 유학생으로 해외에서 박사 학위를 받고 귀국해서 긴 세월 동안 교수로 활동하는 다수는 여전히 원어민의 표준영어를 온전하게 사용하지 못한다. 예를 들면 이공학이나 예술 분야 교수는 실험 성과나 실기가 더 중요한 편이라 10년이 지나도 사용하는 영어 어휘나 문장구조가 제한적이다. 영어로 학회 강의나 강연하는 모습을 보면 중단과 망설임이 많고 늘 사용하는 일부 표현만 등장한다. 지시사 here, there, this, that와 해당 분야의 학술 어휘로만 논점을 전하는 것처럼 보인다.

그렇지만 그들은 익숙한 교실 공간에서는 마치 아상블라주 작품을 만드는 예술가처럼 강의나 강연을 능숙하게 감당한다. 눌변이라고 하더라도 말로만 소통하는 교수는 없다. 유인물을 나눠주거나, 파워포인트 슬라이드를 보여주거나, 판서라도 한다. 질문을 던지고 학생 반응을 듣거나, 조별 활동에 시간을 할애한다. 복수의 방식 modality이 동원되는 것이다.

학생도 마찬가지다. 복잡한 개념이나 이론을 이해하는 교실에서 교수의 입에서 나오는 언어만 의존하며 공부하지 않는다. 귀로 들을 수 있는 내용만 전념하면 교수가 강조하는 논점을 제대로 이해할 수 없다. 교수가 칠판에 적는 것, 상기된 표정으로 설명하는 그림과 도표, 파워포인트 슬라이드에 표기된 고딕체나 빨간색 등을 입체적으로 숙지해야 한다. 그것을 보면서 좋아하는 노래도 듣고 커피도 마시며 자신의 아이패드나 교재에 메모도 하고 별표나 동그라미 표시도 한다. 그렇게 다중적으로 배치된 감각과 사물, 인지와 신체, 인간과 비인간의 자원이 전략적으로 보관되고 도출되면서 학생은 교수와 소통할 수도 있고 무언가를 알아간다.

그런 관점에서 보면 구문을 달달 외워서 시험지에 그대로 적게

하는 지면 평가, 입으로 전달되는 말만 주목하는 경시대회 등은 아상블라주의 자원성을 애초에 배제시킨 학습활동이다. 여전히 머리에 저장된 것, 말로 전달할 수 있는 언어만이 마치 소통과 학습의 단일한 자원인 것처럼 전제하기 때문이다.

대화의 목적은
재현이 아니라 실행이다

 우리가 말 차례를 교환하며 대화하는 목적은 무엇일까? 즉 대화라는 의사소통이 지향하는 것은 무엇인가? 자신의 머리에 저장된 경험이나 계획을 언어로 정확하게 '다시 꺼내는(나타내는)' 것이 목적일까? 아니면 대화(의 자원)를 통해 무언가를 해보는 것이 목적일까?[38] 대화의 목적은 재현 re-presentation인가, 아니면 실행 practice인가? 물론 대화의 화자는 기억한 것, 경험한 것을 다시 꺼낸다. 그러나 그것만이 대화의 목적이 될 수 없다. 우리는 대화를 통해 서로를 인정하고, 세상을 탐색하고, 일상이나 서사를 전달하고, 정보를 협상하고, 감정이나 의견을 표현하며, 문제를 조정하고 해결한다.
 말하기시험이나 면접이 시작되기 전에 수험자나 지원자가

천장을 보면서 혹은 눈을 감고서 무언가를 달달 외운다. 시험이나 면접에 출제될 것으로 예상되는 모범답안을 암기하는 것이다. 그들은 머리에 모범적인 정보를 저장해 두고 시험이나 면접 현장에서 '다시 꺼내어' 정확하게 재현할 계획이다. 어휘도 외우고, 문장과 대화문도 통째로 외운다. 예를 들면 학원에서 단어시험을 봐서 80점 이상만 집에 보내준다고 하면 학생들은 남지 않으려고 그날 할당된 단어를 공부한다. 다른 건 중요하지 않다. 오직 단어만 달달 외워 시험을 잘 봐야 한다. 그런 공부의 목적은 '다시 꺼내고', '정확하게 나타내는' 재현이다.

그렇지만 시험의 목적, 대화의 목적이 재현일 수만은 없다. 시험 내용이 공지된 이후에 며칠 동안 답안을 작성하는 테이크홈take-home 평가, 포트폴리오나 프로젝트 보고서를 준비한다면 학생들은 머리에 저장한 것을 다급하고도 정확하게 다시 꺼내지 않아도 된다. 모범답안도 없으니 달달 외우지 않아도 된다. 교수나 동료에게 물어볼 수도 있고, 도서관이나 인터넷에서 자료를 찾아 인용하고 편집할 수도 있다. 재현의 활동보다는 다양한 자원에 접근하고, 필요한 자료를 수집하고, 적절하게 가감하고 정리하는 편집자와 창조자 활동이 중요하다.

우리에게 허락된 자원은 늘 제한적이라서 '실행'을 브리콜라주bricolage 속성으로 이해해도 좋겠다. 브리콜라주는 손에 닿는 여러 재료를 창조적이면서도 재치 있게 조합하는 기술이다.

가용한 자료가 무작위 순서로 선택되고 배치되지 않는다. 어떤 상황이든 최선을 다해 하나의 작품이 완성되는 인디언식 기술로 봐야 한다.

브리콜라주 작업의 쉬운 예시라면 집들이 음식을 갑작스럽게 준비하는 과정이다. 제한된 시간 동안 가용한 음식 재료만으로 준비한 상차림이라도 집주인에게나 방문자에게 큰 만족을 줄 수 있다. 이전에 유튜브에서 봐둔 요리법을 참조하기도 하고, 친구가 와서 돕기도 하고, 일부 음식은 배달로 시킨 것이다. 며칠 전에 장을 봐둔 것도 있고, 얼떨결에 만든 소스가 식재료의 기본 맛을 내게 한다. 다른 상황과 목적으로 음식을 준비해야 했다면 동일한 결과물을 만들지 못했을 것이다. 그렇지만 브리콜라주 작업에 능숙한 편이라면 어떤 요리를 만들더라도 동일한 수준의 문제해결능력이나 창의적인 편집능력이 발휘될 것이다. 집들이가 아니더라도 머리로 외워둔 요리법을 주방에서 재현하긴 어렵다. 우리가 일상적으로 감당해야 할 일은 대개 임기응변으로나마 뭐든 실행하고 그럴듯하게 완성하는 것이다.

마찬가지로 우리가 모어가 아닌 제2언어로 대화를 나눌 때도 브리콜라주 작품을 만들 듯이 '실행'해야 한다. 가용한 자원을 점검하고 전략적으로 조합해야만 어디서 누구와 하든 대화는 대화다울 수 있다. 대화적 자원이 언제나 풍성한 건 아니다. 익숙하지 않은 대화 환경일 수 있고, 대화 주제가 까다롭거나 관련된 어휘도 잘 모를 수 있으며, 상대방이 비협조적일 수도 있다. 그렇지만 브리콜라주로 만드는 대화라면 망할 일은 없다. 그럴듯한 대화는 누구나 감당할 수 있기 때문이다.

 대화뿐만 아니다. 영어든 한국어든, 서사든 논증이든, 소설이든 논문이든 무언가를 말이나 글로 만든다면 모두 브리콜라주 작업이다. 연구자나 작가는 텅 빈 컴퓨터 화면 앞에서 처음-중간-끝, 혹은 서론-본론-결론 순서로 한 문장씩, 한 페이지씩 차근차근 채우지 못한다. 내가 일하는 방식만 봐도 그렇다. 인지적으로 구획을 나누어 머리에 입력해 두고 필요할 때마다 효율적으로 꺼내 쓸 수가 없다. 그보다는 여러 매체에서 다양한 자료를 수집하고 (온라인) 메모장, 책의 여백, 태블릿 PC 등에 적어두고 붙여둔다. 커다란 듀얼 모니터에 여러 창을 띄워 다양한 정보를 검색하고 수집하는 동시에 편집 작업이 갑자기 시작되기도 한다. 동료와 대화도 하고, 강의도 하고, 회의도 하다 보면 그렇게 구상하고 편집해 둔 핵심 주장, 논거, 예시 자료 등이 삭제되거나 달라진다.

 아웃라인 작업을 할 때는 영어로도 하고 한국어도 활용한다. 나는 그림이나 도표를 아이패드 화면에 그려보면서 개념을 정리하는 과정을 좋아한다. 유튜브나 인스타그램에 올라온 게시물을 보다가 좋은 생각이 떠오르면 연구자료 관리 앱으로 사용하는 에버노트에 간단하게 붙여두거나 메모해 둔다. 내 책상에는 크기와 모양과 색깔이 다른 포스트잇이나 메모지가 여럿 있고, 태블릿 PC, 노트북, 종이 출력물, 다양한 분야의 책들이 어지럽게 펼쳐져 있다.

내가 구체적인 어떤 개념을 글로 옮기겠다고 작정하더라도, 자료를 취합하고 글을 편집하는 실행 과정 중에 처음 만든 텍스트는 상당 부분 삭제되거나 수정된다. 본격적으로 초고 작업을 시작하면 원고는 빨간색, 파란색 등으로 칠해지고, 화살표, 점선, 메모 등이 여백에 채워진다. 여러 창을 띄우고, 사전도 찾아보고, 임시 파일에 그림이나 글을 오리고 붙이면서 다시 편집한다. 직접 인용된 자료는 따옴표를 붙이고, 다음에 다시 수정해야 할 부분은 색깔로 표시하고, 참고문헌이 불확실하다면 메모를 달기도 한다.

해외 출판사가 제작하는 편저서나 공저서 작업에 참여한 적이 있다. 저자들의 국적이 다르고 서로 친밀한 관계도 아니라면 브리콜라주 작업은 더욱 빛을 발한다. 저자들은 서로 메일을 보내고 대면 회의로 말을 섞는다. 독일인 학자는 자신이 읽은 독일어 문헌을 언급하고, 미국인 학자는 자신이 속한 대학에서 수집한 자료를 인용하려고 한다. 각자마다 익숙한 출처에서 가져온 자료들이 산만하게 섞인다. 서로의 경험, 기억, 감정, 의견이 무질서하게 보태진다. 이와 같은 작업물은 여러 색깔로 그림을 파서 넣은 직조물 태피스트리tapestry 작품을 연상하게 한다.

그럭저럭 원고를 만들고 심사위원이나 편집자의 피드백을 받는다. 원고를 다시 서너 차례 수정하는 동안 처음 만든 원고의 상당 부분이 사라지거나 바뀐다. 그림과 도표로 시작된 아웃라인부터 초고와 수정 작업을 거치게 되면 내 머리로부터 전달(재현)된 논점이 이제 얼마나 남아 있을까? 삭제되고, 편집되고, 여러 출처에서 직간접적으로 인용된 언어까지 섞이면 이제 '재현' 작업은 중요하지 않다. 출판이라는 '실행'의 과정과 결과만 남는다. 똑똑한 머리로부터 텍스트로 만든 것이 아니다. 성실한 몸과 주변 환경 덕분으로 편집이 종결되고 저서가 출간된다.

　대화라는 의사소통 역시 '실행'이 돋보이는 브리콜라주 활동이다. 대화의 목적이 재현일 때만 맥도날드화된 대화(교육)는 명분을 얻는다. 그러나 우리는 대화할 때 머리에 외워둔 것을 정확하게 꺼내고, 경험한 사건을 온전하게 재현하지 못한다. 대화는 의사소통의 '대상'이 아니라 의사소통을 위해서 '수행'하는 것이다. 어떤 글을 쓰려고 할 때만 글이 계속 수정되는 것처럼, 대화 역시 무언가를 위해 실행이 될 때만 말 차례도 바뀌고, 화제도 달라지고, 서로의 말도 보완될 수도 있다.

대화의 기술은
'배치의 기술'

  흔히 대화의 기술이라고 하면 머리에 저장된 능력competence으로 생각한다. 교실과 학교에서 교재와 시험을 통해 우리가 했던 대화교육은 개인마다 머리를 잘 써서 대화할 수 있는 규범을 숙지하고 암기하는 과업이었다.
  인간의 언어, 인지적 경로, 표준과 규범의 가치 등을 섣불리 폄훼할 순 없다. 그러나 대화가 대화다울 수 없는 건 공간적 자원의 배치emplacement가 적극적으로 재고되지 않았기 때문이다.[39] 머리에 저장한 정보만으로는 협상적인 대화를 하기 어렵다. 규범으로 배운 언어만으로는 즉흥적인 대화가 안 된다. 앞서 공간적 자원을 활용하면서 브리콜라주 작업을 하듯 대화에 참여하자고 제안했는데, 그건 두뇌의 '능력'이라기보다 가용한 자원의

'배치' 기술에 가깝다.[40]

내가 가진 여러 자원을 잘만 배치하면 대화는 대화다울 수 있다. 교재만 보면서, 혹은 문항에 응답만 하면서 대화를 제대로 할 수 없다. 어휘와 문법 지식은 아무리 공부해도 좀처럼 모노링구얼의 원어민 능력에 도달되지 못한다. 차라리 축구 실력을 뽐내거나, 파스타를 만들어 주거나, 사전에 잘 준비한 파워포인트 자료를 보여줄 수 있다면 대화가 자연스럽게 잘 흘러갈 수 있다. 물론 나만 능력을 갖춘다고 대화가 잘 되는 건 아니다. 나뿐만 아니라 상대방도 중요하다. 상대방과 내가 함께 존재하는 공간(의 자원)도 중요하다.

다음과 같은 예시로 배치의 기술을 설명할 수도 있다. 축구가 좋고 축구 선수로 계속 성장하고 싶다면 어떻게 해야 할까? 공을 잘 차는 능력만 연마하면 되는가? 그렇지 않다. 운동하기에 적당한 체격도 필요하다. 잘생긴 외모나 관중을 이끄는 쇼맨십까지 있으면 더 좋다. 응원석에서 환호하는 팬 덕분에 한 번이라도 더 출전할지도 모른다. 감독과 동료, 심지어 상대 팀도 잘 만나야 한다. 내가 감당할 수 있는 혹은 좋아하는 축구 스타일이 선수로 뛰는 시대에 잘 맞다면 더할 나위 없다. '내가 축구를 잘한다'는 의미는 개인만의 능력이라기보다 축구를 계속 잘하도록 배치된 자원들의 총합이기도 하다. 배치적 자원이 시원치 않다면 다른 팀으로 옮기거나 다른 종목의 선수로 전향할 필요가 있다.

영화 〈시라노; 연애조작단〉은 연애에 서투른 청년의 의뢰를 받고 성공적으로 연애를 성사하도록 돕는 연애조작단의 이야기다. 영화는 대화기술에 관한 내용을 명시적으로 다루지 않지만, 시라노 에이전시가 하는 일은 대화능력이 부족한 의뢰인에게 대화를 잘할 수 있도록 배치적 자원을 제공하는 것이다. 시라노 에이전시는 의뢰인과 의뢰인이 만나는 상대방의 특성을 잘 파악한다. 그들이 만나는 상황이나 필요 등도 사전에 점검하고 의뢰인이 자연스럽게 대화할 수 있는 자원을 여기저기 배치한다. 보이는 자원조차 능숙하게 활용할 수 없는 수준의 의뢰인이라면 귀에 소형 이어폰을 몰래 끼고 에이전시가 전달하는 대사를 그대로 말하도록 한다.

배치의 대화기술이 없다면 그럴 만도 하다. 대화가 시작되고, 호감을 느끼고, 사랑에 빠지고, 결혼을 작정하는 단 하나의 모범 경로가 없듯이 매번 만날 때마다 필요한 단 하나의 모범 대화도 없다. 연애를 시작하려면 매번 다른 상황에서 자신에게 특별한 상대방에게 임시방편적이지만 진심을 담아 전략적인 대화를 이어가야만 한다. 이걸 제대로 못 한다면 스니커즈 초코바 광고에 나오는 미숙이 남자친구처럼 살아야 한다. 미숙이가 "나 요즘 살찐 것 같지?"라고 물어볼 때 미숙이 남자친구는 당황해서 온전하게 대화를 이어가지 못한다. 광고에서는 당황하는 남자친구가 초코바를 미숙이 입에 물리면서 다행히 위기를 모면했다. 그는 대화를 이어가는 배치의 기술이 부족했지만 그나마 초코바라는 자원이 있었다.

그렇지만 매번 초코바를 미숙이 입에 물릴 수는 없다. 남자친구는 '미숙아, 도대체 나에게 왜 그래?'라고 절규하면서 자신의 (혹은 미숙의) 능력, 태도, 성격만을 탓할 것이다. "나 요즘 살찐 것 같지?"란 질문에 대처하는 단 하나의 모범 답안은 없다. 미숙이 남자친구에게 필요한 건 새로운 공간, 공간의 자원, 자원의 배치 기술이다. 어쩌면 미숙이와 헤어지는 것도 좋겠다. 그가 가진 자원과 배치 기술은 미숙과 헤어지고 다른 여자친구를 사귀면서 달라질 수 있기 때문이다.

5부

달라진 대화, 이미 다가온 미래

외국인이 등장하는
예능 방송

외국인이 참여하는 예능 방송이 넘친다. 2006년부터 시작된 〈미녀들의 수다〉는 한국어를 유창하게 사용하는 외국인 여성이 집단으로 등장한 첫 예능 방송이었으며 꾸준한 인기를 얻었다. 이후로도 〈비정상회담〉, 〈나의 외사친〉, 〈어서와 한국은 처음이지?〉, 〈서울 메이트〉, 〈대한외국인〉 등 유사한 예능 프로그램이 화제를 모았다. 전통문화뿐 아니라 일상적인 대중문화도 다루고 재미까지 있었지만 내 눈에는 우리 사회의 지배적인 모노링구얼 질서가 다시 한번 드러난 방송이기도 했다.

예를 들면 〈비정상회담〉에서는 한국에서 살고 있는 외국인 남성만 패널로 출연하며 모두 한국어 실력이 뛰어나다. 〈비정상회담〉 1화를 보면 한국어가 능숙한 외국인 패널과 한국인 사회자가 사자성어 내기를 한다. 외국인이 내기에서 자꾸 이기니까 사회자가 "외국인인데 한국인보다 더 잘한다"며 놀란다. '한국인'과 '한국인이 아닌 외국인'의 경계는 그런 식으로 분명하게 구분된다. 칭찬하고 놀라는 모습이 화면에 자꾸 나오는 이유는 한국에서 한국인이 한국어를 더 잘해야 한다는 위계가 전제되기 때문이다. 〈비정상회담〉의 외국인 패널은 모두 한국어만 사용하는데 그중에서도 능숙한 참여자와 덜 능숙한 참여자로 구분된다. 첫 만남에서 자기소개를 할 때 한국어를 잘하면 "한국인 같다"는 칭찬을 받는다.

〈대한외국인〉에서도 한국에 거주하는 외국인이 한국인 연예인과 퀴즈 대결을 한다. 홈페이지에는 "한국인보다 더 한국인 같은 '대한외국인' 10인과 한국 스타 5인이 펼치는 예측불허 퀴즈대결!"이라고 소개되어 있었다. 외국인 참가자가 한국 역사나 사자성어에 관한 문제를 맞힐 때마다 사회자를 포함한 한국인 게스트가 깜짝 놀라는 장면이 화면에 크게 나온다.

〈나의 외사친〉에서는 한국인 연예인이 외국에서 동갑내기 외국인 친구(외사친)를 사귄다. 서로의 언어에 익숙하지 않기 때문에 통역가의 도움을 받아 대화한다. 그렇지만 통역자가 개입하는 만큼 외사친과 직접 소통하며 나누는 관계성은 방해받는다. 통역자가 없으면 외사친과 대화를 나눌 수 없을까? 한국에 온 외국인은 한국어를 잘해야 하고, 우리가 다른 나라에 가면 그곳

언어를 모르니까 대화가 서로 안 통할까? 우리는 다중적인 언어 자원으로 그럭저럭 대화하는 관계성에 여전히 관대하지 않다.

그런 점에서 보면 〈바벨 250〉은 달랐다. 직업, 나이, 성별이 다른 일곱 명의 출연진이 남해 다랭이마을에 모인다. 일곱 국적(한국, 브라질, 프랑스, 태국, 러시아, 베네수엘라, 중국)의 청년들이 서로 다른 언어문화권에서 살아왔기에 처음 만날 땐 간단한 대화조차 나누지 못한다. 방송에서 그들에게 부여된 과제는 하나의 공통어(바벨어)를 함께 만드는 것이었는데, 과연 그들이 그것을 어떻게 할 수 있을까? 놀랍게도 시간이 얼마 흐르지도 않았는데 그들은 요령껏 소통하면서 함께 웃고 떠들며 우정을 쌓기 시작한다. 친밀감이 생기니 대화가 더 쉬워지고 그들만의 바벨어도 만들 수 있었다.

말이 통하지 않는 사람들이 접촉지대에 모여서 살아가면 어떤 일이 일어날까? 불편하기만 하고 오해만 생기고 서로에게 긍정적인 감정조차 느끼지 못할까? 〈바벨 250〉을 보면 그렇지 않다는 것을 쉽게 알 수 있다. 대화는 때때로 불통이었지만 그들은 언어들이 펼쳐진 잔치상에서 마음껏 웃고 떠들었다. 유쾌하고도 낭만적인 공간이었다. "〈삼시세끼〉가 아재들의 민박이라면 〈바벨 250〉은 여름밤 청춘들의 캠핑 같다"고 누군가 달아둔 댓글이 기억에 남는다.

영어를 사용하지 않는다는 지침이 있어서 서로의 이름을 묻는

간단한 대화도 쉽지 않았던 그들은 4~6일 일정의 촬영을 총 세 번 진행했다. 175개의 바벨어를 만들었고, 일상적 삶의 규칙도 성공적으로 '실행'했다. 짧은 일정이고 예능 방송이었기 때문에 바벨어를 만들고 그것으로 살아가는 모습을 화면에 모두 담기는 어려웠을 것이다. 그렇지만 내 눈엔 그들의 대화 전략은 귀엽고도 매력적이었고, 그곳의 일상은 충분히 만족스럽고 행복하게 보였다. 타논(태국 남성)과 미셸(베네수엘라 여성)은 언어가 통하지 않았지만 애틋한 커플로 보였는데, 회차가 거듭될수록 연애 감정을 주고받는 대화도 나누었다. 서로 모르는 언어로도 대화를 하면서 가끔 허락되는 '랭귀지 박스(각자의 모국어로 대화를 하면 서로의 언어로 통역을 해주는 특별 공간)'에서의 의사소통 방식이 오히려 어색하게 보였다.

그들이 모인 다랭이마을은 실험적이나마 '접촉언어'의 '접촉지대'였다. 처음만 어색하고 불편했을 뿐 결국 서로를 이해하고 돕고 즐겁게 소통하는 공간이 되었다. 그들은 의성어를 사용하고, 표정만으로 의미를 전하고, 주변 사물이나 신체 동작을 이용해서 의미를 다시 수정했다. 언어가 통하지 않아도 대화는 할 수 있었다. 대화를 하게 되니 필요한 언어도 자꾸 더 생겼다.

하나의 언어만 우월한 것은 아니다 〈바벨 250〉

〈바벨 250〉에서 만들어진 대화를 몇 가지 소개하겠다. 다랭이 마을에 처음 도착한 한국인 출연자 이기우와 브라질에서 온 마테우스의 대화. 이기우는 한국어가 모국어이며, 마테우스는 포르투갈어를 모국어로 사용한다. 목이 마르고 물을 마시고 싶다는 상황을 두고 그들은 서로가 이해하지 못하는 한국어와 포르투갈어로 다음과 같이 대화한다.

마테우스 : (포르투갈어) sede.
　　　　　목이 말라.
이기우 : 　세? 뭐가 세?

마테우스 : (포르투갈어) água.
　　　　　 물.

이기우 :　아구아?

마테우스 : (물을 마시는 흉내를 낸다)

이기우 :　아우아는 술 아니야?

마테우스 : (수영하는 몸짓을 한다)

이기우 :　수영!

마테우스 : 수영! (포르투갈어) água.
　　　　　 수영! 물.

이기우 :　(알아차렸다는 듯이 무릎을 탁 치며) 수영선수!

마테우스 : 으아아아. (춤추는 동작을 하며) dancing.
　　　　　 춤.

이기우 :　아. 댄서. 아, 수영하고 싶다고. 아쿠아? 아구아?

마테우스 : (계속 물 마시는 시늉을 한다)

이기우 :　아이 씨. 뭐라는 거야?

마테우스 : (포르투갈어) Eu sinto que você está me xingando.
　　　　　 내 욕을 하는 것 같은데.

이기우 :　땀이 흥건하다고?

마테우스 : (포르투갈어) Eu não consigo entender nada. Você também, certo?
　　　　　 하나도 못 알아듣겠어. 당신도 그렇지?

의미협상은 실패했다. 그들은 각각 한국어와 포르투갈어만 사용하는 대화에 익숙하다. 상대방이 사용하는 언어와 기호 모두 낯설다. 함께 공유하고 있는 공간적 자원도 대화를 할 때 활용하지 못한다. 마테우스가 포르투갈어 "아구아"라고 말하면서 물을 마시는 동작을 보여주지만, 이기우는 그런 동작을 전략적으로 파악하지 못하고 간단하게 '술'이라고 단정한다.

  일주일이 지나고 그들이 다시 만났다. 이기우와 마테우스가 먼저 도착해서 다른 사람을 기다리고 있는데 이때 마테우스가 다시 이기우에게 목이 마르다고 말하는 장면이 있다. 이때는 한창 더운 여름날이었다.

마테우스 : (포르투갈어) água.
         물.
마테우스 : (포르투갈어로 다시 한번 세게 말한다) água.
         물.
이기우 :   아구아.
마테우스 : (물마시는 몸짓을 하며 포르투갈어로 다시 물을 말한다) água.
         물.
이기우 :   (물을 마시는 몸짓을 따라 하면서 소리를 낸다) 꺽꺽 꺽꺽꺽.
마테우스 : Yeah!

> 예이!
>
> 이기우 :   기억났어!

    이제 의미협상에 성공했다. 이전에 경험한 불통까지 참조되면서 약간 다른 표정, 다시 보게 된 동작, 말투, 의성어 등의 자원이 이번엔 적극적으로 활용되었다. "아구아" 어휘를 설명할 때 마테우스는 강세를 주고 말해보고 물 마시는 동작으로도 표현했다. 이기우도 의미협상을 시도하면서 물 마시는 몸짓과 함께 "꺽꺽꺽꺽꺽"이라는 의성어를 사용했다.

    모든 일행이 아침 식사를 하면서 다음 대화도 나눈다. 그들이 각자의 모국어와 함께 모두에게 통용되는 접촉언어, 즉 바벨어도 혼용해서 사용하던 때다. '쉬르프리(서프라이즈)'와 바벨어인 '합(일)'을 제외하고는 모두 자기 모국어로 말하는 장면인데 바벨어를 포함한 여러 자원이 적극적으로 동원되면서 의미협상이 성공적으로 이뤄진다.

> 이기우 : 니코, 우리… (손으로 '1'을 만든다) 1시에 합(바벨어로 '일') 가야 돼?
>
> 니콜라 : (프랑스어) surpris.
>   서프라이즈.

이기우: 일하기 전의 서프라이즈?

타논: (물티슈를 들고 있다) 린 필요해?

천린: 코감시. (바벨어로 '고마워')

타논: 코감시백. (바벨어로 '천만에')

이기우: 오오…. 대화가 되네 둘이.

이기우: man, woman?
　　　　남자? 여자?

타논: AhAh…. man, woman!
　　　아아…. 남자, 여자!

티콜라: AhAh, 바벨.

니콜라: 바벨리노, 바벨리나.

일동: (박수를 친다) Ohh….

천린: (남자, 여자를 가리키며) 바벨리노, 바벨리나, Ohh.

　이기우는 다시 대화기술을 깨우치는 중이다. 한국어로 "1시"라고 말하면서 손가락으로 '1'을 표시한다. 그리고 접촉언어인 바벨어로 '일work'을 의미하는 "합"을 함께 말한다. 그럼 두 단어만으로 의미가 분명하게 전달될 수 있다. '1시에 일하러 가자', '1시에 일하러 갈게', '1시에 일하니?' 등의 모호한 의미가 동시에 떠오를 수 있지만 청자는 지금까지 1시에 일을 나갔다는 선험적 지식을 이용하여 '1시에 할 일이 뭐니?'로 유추할 수 있다.

　모두가 즉흥적으로 새로운 바벨어를 만들기도 한다. 바벨어는 참여자들이 합의하면서 만들며 그들만의 접촉언어이자 마을의 공식언어로 사용된다. 일과가 끝난 후 회의에서 바벨어를 만들곤 하지만 가끔 모두가 있는 자리에서 쉽게 생성되기도 한다. 이기우는 남녀를 각각 가리키며 "맨man, 우먼woman"이라고 말한다. 타논과 니콜라는 이를 바벨어로 남자와 여자라는 단어를 만들자고 제안하는 의미로 해석했다. 이전에 비슷한 대화 맥락에서도 그런 식으로 바벨어를 만들었기 때문이다.

그들이 바벨어를 만드는 방식은 이렇다. 바벨어를 만드는 사람은 자신의 모국어로 해당 단어를 쓴 후에 영어로 옮기고 자신이 만든 바벨어를 나열한다. 예를 들면 "고마워", "Thank you", "코감시"가 차례대로 나열된다, 니콜라가 "아아, 바벨"이라고 하면서 이기우와 타논이 말하는 의도를 다시 확인한다. 그리고 "바벨리노, 바벨리나"라는 단어를 만들자, 주위 사람들이 "오오"라고 감탄하며 손뼉을 치고 동의를 표시한다. "오오"라는 감탄사만으로도 '잘 만들었네'라는 의미가 전달된다. 천린이 '남자가 바벨리노고, 여자가 바벨리나라는 것이지? 이해했어'라는 의미를 전하기 위해서 남자와 여자를 가리키며 "바벨리노, 바벨리나, Ohh"라고 말하면서 고개를 끄덕인다.

〈바벨 250〉 대화에서는 특정한 형태의 언어가 우월한 위치성을 갖지 않는다. 서로의 모국어는 동등하게 사용되며 함께 사용하는 접촉언어도 중요하다. 대화마다 다양한 기호가 동원된다.

〈비정상회담〉에서는 표준 한국어로 무언가를 능숙하게 '재현'하지 못하면 대화에 참여하기 힘들다. 〈바벨 250〉에서는 무슨 언어와 기호를 사용하든 의미협상의 '실행'이 가장 중요하다. 협상적인 대화의 실행이 중요한 곳이라면 화자의 정체성도 잘 드러난다.

　표준과 규범의 단일언어로 나누는 대화가 아니더라도 다중언어가 섞인 대화 역시 얼마든지 대화답게 보인다. 혼자 연설을 하거나 스토리를 전하는 것이 아니라 상호작용적 대화이기 때문에 그렇다. 서로에게 관대하다면, 협력만 한다면, 계속 연결만 된다면 대화다운 대화는 어디서나 자연스럽게 만들어진다. 열린 공간에서, 익숙한 소재로, 안전한 관계로부터, 지속적으로 의미협상만 할 수 있다면 불통의 대화는 없다. 대화가 많이 배워야만 가능한 언어기술이라면 이동과 접촉의 문명사는 가능하지도 않았을 것이다.

링구아 프랑카 대화의 예시
〈갈릴레오 : 깨어난 우주〉

　〈바벨 250〉은 참여자들만의 접촉언어 '바벨어'를 만드는 과정을 잘 보여주었지만, 굳이 새로운 언어를 만들고 그것만 사용하는 모습이 시청자에게 다소 낯설게 보였을 수도 있다. 누군가 비슷한 프로그램을 기획한다면 접촉언어를 새롭게 만들지 말고 '링구아 프랑카(모어가 서로 다른 화자들이 의사소통을 하기 위해 공통어로 사용하는 언어)로서의 영어ELF, English as Lingua Franca'[41]를 사용하는 상황이 매력적으로 제시되면 좋겠다. 영어는 이미 국내외 여러 현장에서 〈바벨 250〉의 바벨어처럼 접촉언어로 광범위하게 사용되고 있기 때문이다.
　비원어민들도 링구아 프랑카로 영어를 사용하는 대화에서 얼마든지 의미협상적이고 상호작용적일 수 있다. 나는《접촉의 언어학》,《앵무새 살리기》 등의 단행본을 통해 '링구아 프랑카로서의 영어' 대화를 여러 가지 예시 맥락에서 자세하게 소개했다. 링구아 프랑카로서의 영어는 온라인 공간, 관광지, 공항, 회의장이나 학술대회 등에서 다채롭게 발견되고 있는데 여기서는 〈갈릴레오 : 깨어난 우주〉 예능 방송에서 찾은 링구아 프랑카 대화를 소개하고자 한다.

국내 유명 연예인이 미국 유타주의 MDRS[Mars Desert Research Station](화성 탐사 연구기지)에 방문하여 화성과 유사한 환경에서 고립과 생존의 훈련을 받는다. 다음은 〈갈릴레오 : 깨어난 우주〉 방송에 나온 대화 중 하나다. 한국인 배우 하지원[W]과 페루 출신의 생물학자 아틸라[M]가 주방에서 대화를 나눈다. 아틸라는 설거지를 하고 있고 하지원이 다가가서 말을 건다. 한국어와 스페인어를 모국어로 사용하는 두 화자는 '링구아 프랑카로서의 영어'로 대화를 시도한다.[42]

1. W : Haha, (웃으면서 설거지하는 그릇을 가리키며) you don't have a water. What?　　▶ M이 설거지하는 모
    물을 거의 안 쓰네요? 왜죠?　　　　　　　　　　　　습을 보면서 W가
                                                      자연스럽게 화제를
2. M : To save world.   개시한다.
    지구를 보호하려고요.

3. W : Ah really? You you you… You wash it that water?
   정말요? 너, 너, 너, 그런 물로 씻어요?

4. M : (고개를 끄덕이며)

5. W : So when you wash the dishes, you, like that? (손가락으로 설거지하는 흉내를 내며)
   그러니까 설거지할 때 너, 이렇게 하는 식으로?

> 앞말을 반복하지만 적절한 다음 말이 떠오르지 않는다. 이때 말하려는 내용을 동작으로 전하면서 구어체 표현인 "like that"으로 질문한다.

6. M : Yeah.
   예.

7. W : I didn't know…. I learned ('엄지 척' 표시를 하며 고개를 끄덕이며)
   몰랐어요. 내가 배웠네요.

> 두 사람이 대화 내내 'Yeah'라는 맞장구를 자주 사용하면서 서로의 말을 적극적으로 인증한다. 그것으로부터 대화의 결속력이 높아지며 협력적인 대화가 유지된다.

8. M : (고개를 돌려 얼굴을 마주보며) I love this place. Next winter in December I'm going to work I'm going to down here.
   난 이곳이 좋아요. 다음 겨울 12월에 일할 것이고 여기로 올 거예요.

> "I didn't know…. I learned" 다음 말을 찾지 못하고 있다. 그러나 문장 정보로 충분히 표현하지 못한 것을 '엄지 척' 동작으로 보완한다.

9. W : Here? Again?
   여기요? 다시?

10. M : (고개를 끄덕이며) for 3 months.
    3개월 동안.

> '3개월 머물 것'이란 정보를 여러 경로로 계속 점검한다.

11. W : (놀란 표정으로 얼굴을 빤히 바라보면서) 3 months?

3개월요?

12. M : (고개를 끄덕이며) 3 months.
3개월.

13. W : (손가락 세 개를 보이면서 천천히 말하며)
Three? months?
3? 달?

14. M : Yeah.
예.

15. W : Wow.
와우.

16. M : I know it's second day but, will you come back here?
이제 여기가 겨우 이틀째이지만, 다시 여기 올 건가요?

17. W : Me? 저요?

18. M : Yeah. 예.

19. W : (잠시 침묵하다가 웃는다) ──────▶ 이와 같은 중단과 망설임, 침묵과 웃음은 대화 내내 여러 차례 등장한다. 감정 변화의 표지이고, 말 차례를 자연스럽게 양도하는 전략으로 사용된다.

(…)

20. W : It's like a roller-coaster, sometimes sad, and happy, and excited, and I miss my mom, my friends, Korean food… I don't know why… so… I don't know why.
이건 롤러코스터 같아요. 가끔은 슬프고, 행복하고, 흥분되고, 엄마, 친구, 한국 음식이 그립고, 왜 그런지 모르겠어요. 왜 그런지 모르겠어요.

21. M : Oh this place is amazing, like for a lot of people, there is… their life are before MDRS and after MDRS.
오 여긴 특별해요, 모든 사람들에게, 여긴, 여기 사람들 인생은 MDRS 이전과 이후가 있어요.

22. W : Oh my god… (마주 보며 눈물이 나는 표정으로) I feel cry.
아 진짜요… 나 눈물 날 것 같아요.

23. M : life change completely.
인생이 완전 바뀌죠.

24. W : So last night, when I was in my room alone, I feel cry. I don't know why
그래서 어젯밤, 방에 혼자 있을 때 눈물이 날 것 같아서, 왜 그런지 모르겠고

25. M : I cry as well
나도 울곤 해요

(…)

26. W : I think I will come back to Korea… (침묵이 길어지다가 손사래를 치며 고개를 돌리며) whatever
내 생각엔 한국에 돌아갈 것이고… 어쨌거나

27. M : (웃으면서) Tell me
말해요

> 상대방이 말을 이어가지 못할 때 계속 말할 수 있도록 돕는다. 짧은 문장 정보와 웃음만으로 말 차례를 잠시 가져왔을 뿐이며 상대방이 더 말해볼 것을 부추긴다.

28. W : I love my everything more, more everything and I really thanks to everything, more thanks to love to… (멍한 표정으로 아무 말도 하지 않음)
난 내 모든 걸 더 사랑해요, 모든 걸 더, 그리고 진짜 모든 것에 감사하고 사랑에 더 감사하고…

29. M : (상대방을 지켜보며) Yeah I… Everytime I come here, I do the same thing when I go to Peru. It makes you appreciate, thanks more… so… (고개를 끄덕이며)
예, 난, 내가 여기 올 때마다 같은 마음으로 페루에 가요. 그게 우리를 감사하고 더 감사하죠. 그래서 ◀━ 상대방이 비슷한 말을 반복할 뿐 능숙하게 다음 말을 찾지 못하자 말 차례를 자신에게로 가져와서 상대방이 말할 만한 내용을 보태준다. 대화는 계속 연결된다.

30. W : (함께 고개를 끄덕이며) Yes, yes…
맞아요, 맞아요… ◀━ 자신이 말하고 싶은 걸 상대방이 말해주자 몸동작으로 동조한다.

31. W : (아래를 내려보며 뭔가 생각하다가) We are weird here.
우리는 여기서 이상해요. ◀━ 화제가 추가적으로 부연되지 못하자 새로운 화제로 전환하려고 시도한다.

32. M : Yeah
예

33. W : (빤히 바라보며) So you know, when I have a baby, son, I want to here with my son.
그래서 내가 아이, 아들을 가지면, 내 아들과 여기 올래요.

34. M : (웃는 표정으로) Oh That, that would be amazing.
그거 멋지네요.

35. W : (웃으며) Yeah
예

36. M : Yeah, I will be here
예, 내가 여기 있을 거예요.

37. W : (웃으며 손가락으로 상대방을 가리키며) O.K.
오케이

38. W : (약간 침묵이 흐르고 팔짱을 끼며 쳐다보며) Thank you. ⟶ 침묵과 팔짱을 낀 동작으로 화제의 종료를 예고한다.
고마워요.

39. M : So promise, (악수하자고 손을 내민다) I promise
그럼 약속해요, 나는 약속해요

40. W : (웃는 표정으로 함께 악수하며 바라본다)

   3부에서 설명한 ACTFL 말하기등급으로 추론하자면 하지원과 아틸라는 익숙한 화제에 관해 문장을 계속 나열하고 대화를 유지할 수 있는 전형적인 중급 화자다. 둘의 대화만 봐도 영어를 링구아 프랑카로 사용하는 중급 능숙도의 화자만 되어도 얼마든지 자연스럽게 대화를 만들 수 있다.

당연히 비원어민의 말투가 들린다. 문장구조도 간결한 편이고 비문법적인 용례도 발견된다. 대표적으로 21번 "there is, their life are before MDRS and after MDRS", 22번과 24번 "I feel cry", 33번 "I want to here with my son" 모두 비문법적인 문장이다. 그렇지만 그들은 자신들의 모국어가 아닌 영어를 사용하면서 시종일관 협력적으로 대화에 참여한다. 질문하고 대답하면서 정보만을 교환하지 않는다. 침묵하고 망설이고, 아래를 바라보거나 고개를 돌리거나, 빤히 쳐다보거나 크게 웃으면서 자신들의 감정과 의견을 드러낸다. 20번 말 차례에서 MDRS에서 감정적 동요를 느낀다는 하지원의 말에 아틸라는 적극적으로 공감했고, 그 말을 들은 하지원은 눈물이 날 것 같다며 대화를 이어간다. 20번부터 25번까지 대화는 링구아 프랑카 대화에서도 협력적으로 의미가 완성될 수 있다는 좋은 예시다.

대화문 옆에 메모로 표시해 둔 것처럼 하지원은 대화에 자연스럽게 참여하며 화제를 개시했고, 적절한 순간마다 화제를 전환했으며, 나름의 표지를 사용하며 대화를 종료시켰다. 아틸라 역시 상대방의 말이 중단될 때마다 그걸 파악하고 추가 정보로 대화를 연결했다. 둘은 웃음, 긍정적인 표정, 상대를 배려한 몸동작, "Yeah"와 같은 삽입어 등을 자주 사용하는데 그런 것이 서로의 말을 양방향으로 결속시키는 대화기술이 된다.

대화다운 대화,
링구아 프랑카 영어

　아래 대화는 미국에서 일본어를 주로 사용하면서 일본인 고객만 상대하는 일본인 미용사 J가 한국인 고객 K와 나눈 대화다. J, K는 미국에서도 일본어나 한국어로 소통하는 화자이지만 필요한 상황이 오면 '링구아 프랑카로서의 영어' 대화에 참여한다. ACTFL 말하기등급으로는 둘 다 중급 수준에도 진입하지 못한 영어 화자이니 대화 내내 그들은 비문법적인 문장을 사용한다. 그렇지만 아래에서 보듯이 그들은 나름의 대화기술을 동원하면서 충분히 협상적이고도 협력적인 대화를 감당한다.

1. J : When were dr, style get a hair cut?
   언제 드… 스타일, 머리카락을 잘랐나요?

2. K : =Ah:: I think that's about four months ago?
   =아:: 내 생각엔 4개월 전쯤입니다.

3. J : =Two month?
   =2개월?

4. K : =FOUR
   =넷

5. J : =OK. OK. hahaha
   =오케이. 오케이. 하하하

6. K : =So, at that time I don't like my hair very short.
   =그래서 그때 내 헤어가 너무 짧아서 싫어요.

7. J : =Oh:: OK
   =오:: 오케이

8. K : =That's why, yeah
   =그런 이유로, 예

9. J : =Umm, OK OK, haha
   =음, 오케이 오케이, 하하

10. K : =So that's why my hair is not bad long
    =그래서 내 머리가 너무 길지 않은 이유입니다.

11. J : Oh(1.5)
    오

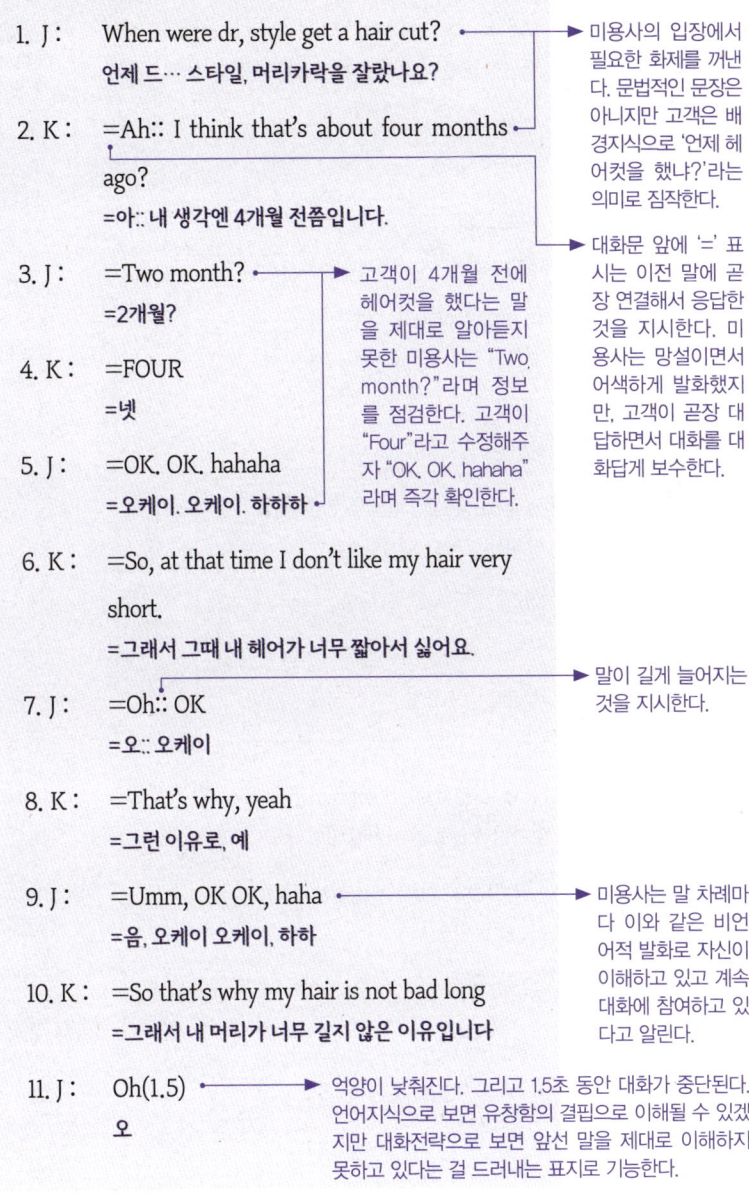

12. J : Did you get do two block style hair style? ──▶ 침묵이 흐르면서 어
       당신이 투블럭 스타일, 헤어스타일 했습니까?   색해지자 해당 내용
                                                        에 관해 '대충 넘어
13. K : =Yes   가고' 다른 화제로
       =예   바꾼다. 대화를 다
                                                        시 결속시키기 위한
14. J : =Oh, OK   시도다.
       =오, 오케이

15. J : In Japanese hair cut ──────▶ 둘은 지금 의미를
       일본식 헤어컷으로   협상하는 중이다.
                                       앞선 말을 참조하면
16. K : Uh?   서 미용사가 '일본
       예?   식 헤어컷으로' 할
                                       지 물어보는 것으로
17. J : In Japanese Japanese hair cut 짐작하고서 고객은
       일본식 일본식 헤어컷으로   아니라고 응답한다.

18. K : No
       아뇨

19. J : =Um
       =음

20. K : How long have been here? ──▶ 여기서는 고객이 화
       얼마나 오랫동안 여기에 있었어요?   제를 바꾼다.

21. J : =For three ah:: two, two years ──▶ 미용사는 2~3년이
       =3, 2∷ 2, 2년   라고 대답하다가 고
                                            객이 다시 2년이냐
22. K : =Two [years?   고 묻자 그렇다고 말
       =   2[년?   한다. 그러다가 질문
                                            의 다른 의도를 떠올
23. J :   [Yes   리며 자기 말을 수
             [예   정한다. 일본에서 온
                                            지 10여 년 되었다
                                            고 새 정보를 추가
                                            하려고 한다.

24. J : Ah:: how many spends about, ah:: over ten years (.) in Japan
아:: 얼마나 보내는지, 아:: 일본에서 10년이나

25. K : =Oh, good
=오, 좋습니다

26. K : =Do you wanna live here forever?　← 앞선 대화가 결속력을 갖추자 고객은 다시 새 화제로 전환하며 대화를 이끌어간다.
=여기서 평생 살 겁니까?

27. J : =Um?
=음?

28. J : =Do you wanna live here forever?
=여기서 평생 살겁니까?

29. J : Ya:: but I don't have(.) permanent residence(.) yet.
예:: 그런데 난 영주권이 아직 없어요.

30. K : [Oh right now.　← 말이 서로 겹쳐진다. 미용사는 이와 같은 말대답으로 빈번하게 맞장구 치며 대화를 결속시킨다.
[오, 지금 당장

31. J : [Yeah
[예

32. K : Have you been another city in United States?
미국 다른 도시에서 있어 봤어요?

33. J : Ah:: probably I went to:: Chicago or:: yes, some place, but do live live only here.
아:: 아마 내가:: 시카고 또:: 예, 여러 장소, 그런데 여기서만 살아요

그들이 하려는 말은 자주 중단되고 뒷말도 불필요하게 길게 늘어지곤 한다. 링구아 프랑카로 영어를 사용하는 화자들의 대화에 자주 나타나는 특징이다. 미용사는 1번 말 차례에서 언제 미용을 했는지 물으며 대화를 개시하지만 문법에 맞지 않는 문장을 사용한다. 고객 역시 6번 말 차례에서 "At that time I don't like my hair very short"라는 비문법적인 표현을 사용한다. 그렇지만 둘은 협력하면서 대화를 잘 이어간다. 상대방 말에 곧장 반응하며 응답한 '='표시가 대화문 여러 곳에 발견된다. "OK", "Oh", "Umm", "Ah" 등의 삽입어는 말 차례마다 맞장구 기능을 하면서 대화를 촘촘하게 결속시킨다.

링구아 프랑카 대화만의 의사소통 전략도 발견된다. 예를 들면 '대충 지나가기^{let it pass}' 전략이다. 대화 중에 상대방 말을 제대로 이해하지 못할 때가 있는데, 그다지 중요하지 않거나 나중에 이해해도 되겠다고 생각되면 어물쩍 넘어간다. '정상으로 돌려놓기^{make it normal}' 전략도 있다. 뭔가 제대로 이해하지 못하고서 대화를 이어가다가 그걸 제대로 알아야겠다는 필요가 발생하면 다시 묻거나 확인하는 전략이다.[43]

1번 말 차례에서 미용사의 어색한 발화가 있었지만, 고객은 미용실이란 공간에서 "언제 헤어컷을 했냐?"는 질문으로 유추했고 2번 말 차례에서 "4개월 전쯤"이라고 대답하면서 '대충 지나가기' 대화전략을 사용한다. 말 차례 6번과 10번에서 고객이 지난번에 헤어컷을 너무 짧게 해서 아직도 길지 않다고 말했다. 말 차례 11번에서 미용사가 "Oh"라고 억양을 밑으로 내리면서 대답할 말을 찾지 못한다. 고객의 말을 제대로 이해하지 못했다. 그렇지만 자신이 지금 해야 하는 헤어컷 작업에서 중요하지 않은 발화로 판단하고 '대충 지나가기' 전략을 사용한다. 그리고는 다음 말 차례에서 "two block style"에 관한 화제로 전환한다.

12번부터 19번 말 차례까지 미용사는 고객에게 '일본식 헤어스타일'로 했는지 물어보는데 고객은 13번 말 차례에서 "Yes"라고 대답한다. 미용사가 또 같은 말을 반복할 때 고객은 이번에도 그렇게 할 것인지에 관한 질문으로 짐작하고 18번 말 차례에서 "No"라고 대답한다. 소통이 제대로 된 것인지, 불통의 장면인지 분명하지 않다. 미용사는 고객이 이번에는 일본식 헤어스타일을 원하지 않는다고 이해하고 "Um"이라고 말한 듯하다. 미용사가 '대충 지나가기' 대화전략을 다시 사용한다.

고객은 미용사가 영어를 못한다고 생각했는지 화제를 전환하고 말 차례 20번에서 얼마나 여기 체류했는지 묻는다. 미용사는 처음에는 2~3년으로 말하다가 고객이 2년이냐고 다시 확인 질문을 하자 그렇다고 말한다. 그러다가 고객의 질문에 다른 의도가 떠오르면서 갑자기 '아…'라고 하며 일본에서 온 지 10여 년 되었다고 자신이 한 말을 수정한다. 미용사로 일한 기간을 밝히는 건 중요한 정보이기 때문에 대충 지나가다가 다시 '정상으로 돌려놓기' 대화전략을 사용한 것이다. 경력 기간이 일본에서만 10여 년인지, 아니면 일본에서 미국에 와서 10여 년인지 분명하지 않다. 아무튼 10년 동안 미용사로 일했다는 걸 듣고 고객은 즉각 좋다고 반응한다.

고객은 26번과 32번 말 차례에서 새로운 화제로 다시 옮긴다. 여기서 평생 살 것인지, 미국의 다른 도시에도 있었는지 물어본다. 27번 말 차례를 보면 미용사는 여기서 평생 살 건지에 관한 질문을 이해하지 못했다. 28번 말 차례에서 고객은 즉각 같은 질문을 반복한다. 29번 말 차례에서 질문을 이해한 미용사가 영주권이 없다는 화제를 꺼낸다. 언뜻 보면 불통으로 보이는 그들의 링구아 프랑카 대화는 말 차례마다 비언어적 표현이나 미용실이란 공간적 정보를 활용한다. 그럭저럭 상대방 말에 즉각적으로 반응하고, 화제도 자주 전환하면서 대화다운 대화의 모양을 만들고 있다.

다문화 사회의 공존법,
링구아 프랑카 대화

    서울에 있는 관광 명소에서 영어로 일본인과 대화할 때, 유럽에 출장을 가서 독일어나 프랑스어를 모국어로 사용하는 거래처 직원과 영어로 대화할 때, 미국 대학원에서 공부를 마치고 중국에 본사를 둔 미국 법인의 업무를 해보려고 중국인 임원과 화상으로 면접을 볼 때 우리는 다양한 상황에서 영어를 링구아 프랑카로 사용한다. 영어를 링구아 프랑카로 사용한다면 정확성보다 상호이해성mutual intelligibility, 원어민의 규범보다 모두를 위한 대화기술이 더 중요하다. 표준영어를 사용하지 못하는 비원어민 화자끼리 외국인다움foreignness에 관한 관용적인 태도도 중요하다.

    〈바벨 250〉에서 살펴본 것처럼 매개 언어로 소통할 때는 각자의 모어 자원이 금지될 수 없다. 오히려 '코드 스위칭code switching' 전략이 일부러 활용되기도 하고 여러 언어가 그렇게 섞이면 유쾌한 의사소통 상황도 만들어진다. 예를 들면 BTS는 세계적인 팝그룹 중 하나인 만큼 멤버 모두 한국어 화자, 혹은 모노링구얼 정체성만 고집할 수 없다. 영어 인터뷰에서 자신의 신체 부위 중에서 어디를 가장 좋아하냐는 질문을 받은 뷔가 "I love my… 점"이라고 재밌게 대답한 적이 있다. 영어 구문을 사용하더라도 적절한 어휘가 생각나지 않으면 한국어 코드로 쉽게 바꾼다.

'링구아 프랑카로서의 영어' 대화는 국내 미디어에서 빈번하게 등장하고 있다. 예능 방송 〈윤식당〉은 해외에서 조그만 한식당을 경영하는 모습을 보여준다. 시즌 1은 인도네시아 발리 인근의 작은 섬에서, 시즌 2는 스페인의 가라치코 마을에서 촬영했다. 점원으로 일하는 한국인과 한식당을 찾은 현지인 혹은 여행객은 서로의 모어로만 소통하기 힘들다. 자연스럽게 링구아 프랑카로서의 영어를 사용한다. 점원이 비빔밥을 비비거나 소주를 레몬과 같이 먹는 방법에 대해 영어로 뜨덤뜨덤 설명한다. 여행객은 그럭저럭 알아듣는다. 링구아 프랑카 화자들은 상황마다 다르게 활용되는 다양한 대화기술에 명민할 수밖에 없다. 〈국경없는 포차〉에서도 비슷한 장면이 자주 나온다. 프랑스 파리에서 한국인 연예인들이 포장마차를 영업한다. 프랑스어에 능통하지 않은 그들은 프랑스 현지인과 링구아 프랑카로서의 영어로 대화한다.

링구아 프랑카로서의 영어 대화는 어디서든 폭넓게 사용되기 때문에 이제 제도권 교육에서도 소개되어야 한다. 아직도 우리는 영어를 가르치고 배우고 평가할 때 시험영어, 표준영어, 원어민이 사용하는 모노링구얼 영어를 규범으로 둔다. 영어 대화는 원어민 선생님에게 배우려고 한다. 축제를 돕는 봉사자, 대학에서 자치적으로 캠퍼스 순찰을 감당하는 방범대원을 모집할 때조차 토익 점수를 요구한다. 그렇지만 표준영어로만 대화를 나눌 기회가 얼마나 될까? 모국어로 영어를 사용하는 인구는 3억 명 수준일 뿐이다. 오히려 전 세계 인구의 4분의 1, 즉 20억 명 이상이 관광, 여행, 상거래, 학업, 직장동료나 가족과의 소통 때문에 링구아 프랑카로서의 영어를 사용한다.

원어민의 발음과 문법을 배워야 한다. 원어민의 언어사용 규범은 비원어민에게 중요한 참고사항이다. 비언어적 자원으로나, 파편적이고 전략적인 언어사용만으로 감정과 의견을 정교하게 나누기 힘들다. 서사와 논증을 감당하려면 원어민의 언어자료를 학습해야 한다. 그렇지만 우리 모두 오직 원어민을 향한, 원어민이 모범이 되는 맥도날드화된 대화만 전념한다면 대화다운 대화는 소멸될 수밖에 없다.

원어민 영어를 링구아 프랑카로서의 영어로 대체하자는 것이 아니다. 서로 다른 언어들을 생태적으로 공존시키자는 것이다. 서로의 필요와 기능이 다르기 때문이다. 원어민도 있지만 비원어민도 있다. 이주와 이동, 상호문화간 의사소통, 새로운 매체의 기호자원은 앞으로 더욱 넘칠 것이다. '링구아 프랑카로서의 영어' 대화를 듣거나 말하지 않을 수 없다. 그런 링구아 프랑카 의사소통이 우리에게 상호협력과 다양성의 가치를 가르칠 것이다.

다중언어로의 전환,
이미 다가온 미래

　한때 한국 사회는 '영어열풍'으로 홍역을 앓았다. 시작은 김영삼 정부가 선언한 '세계화'라는 이름의 국정 목표였다. '선진 국가'를 지향한다며 개방화, 국제화, 세계화 등의 수사가 미디어에 등장했다. 1997년에 초등 3학년 과정부터 영어수업이 시작되었다. 그러다가 이명박 정부는 영어교육 정책을 큰 폭으로 강화했고 초등학교 3~4학년은 주당 한 시간에서 두 시간으로, 5~6학년은 주당 두 시간에서 세 시간으로 영어수업도 늘렸다.
　전국에 영어마을이 설립되었고 '한국판 토플'이라는 NEAT도 개발되었다. 거의 모든 대학마다 영어특기자 입학전형, 영어졸업인증제가 실행되었다. 표준화된 시험으로 영어능력을 '측정'하고 '영어를 잘하는 인재'를 선발하고 배치하는 관행이 학교,

기업, 정부 기관 어디서든 만연했다.⁴⁴ 그러나 영어를 가르치고 배우고 평가하는 현장에는 맥도날드화된 대화뿐이었다. 영어는 국가의 경쟁력, 도시의 품격, 학교의 자랑, 개인의 역량, 사람이 제구실하는 필수 능력이었지만 개인 학습자는 맥도날드화된 영어를 효율적으로 공부하는 수험자 인생을 살았다.⁴⁵

세계화는 영어열풍으로, 영어열풍은 표준영어만의 학습으로, 그리고 토익이나 오픽과 같은 시험 점수를 제출하게 하는 정책으로 관리되었다. 국가가 밀어붙이고 학교와 기업이 거들면서 사회 곳곳으로 다급하게 확장된 영어열풍에 불만이 쌓이기 시작했다. 미디어에서는 과장된 수사가 넘쳤지만 졸속 행정으로 집행되던 제도가 중단되기도 했다.⁴⁶ 결국 영어열풍은 한풀 꺾였다. 그렇지만 아직도 기득권력은 성찰은커녕 그때 그 시절에 미련을 버리지 못한다. 수능에서 영어과목 절대평가를 폐지하거나, 국가영어인증시험을 부활시켜야 한다고 주장한다. 영어는 국가, 조직, 개인의 경쟁력이 될 수 있으며, 우리 모두 예전처럼 시험 기반으로 공부하면서 성과를 만들어야 한다고 훈계한다.

그러나 세상은 이미 달라졌다. 표준영어를 박제시키고 그것만 가르치고 평가한다고 세계화로 향할 수 없다. 과거 '영어열풍' 시대로 회귀할 명분도 부족하다. 오히려 우리는 이제 '다중언어적 전환multilingual turn'을 숙고하고 수용해야 한다. 서로 다른 우리에게 허락된 언어와 기호의 모든 자원성을 관대하게 점검하고 다중언어를 사용하는 정체성과 사회적 인프라에 투자해야 한다.

2008년 2월 5일 자《매일경제》'소득 2만 달러 넘은 한국, 이제 이민수입국'이란 제목의 기획 기사는 2020년에 국내 체류 외국인 수가 250만 명을 넘으면서 전체 인구 대비 5퍼센트 수준을 차지하고, 2050년이면 외국인 수가 400만 명이 넘으면서 인구 대비 9~10퍼센트를 차지한다고 보도했다. 예측은 틀리지 않고 있다. 국내에 체류하는 외국인 숫자는 이미 200만 명을 훌쩍 넘었으며 팬데믹 상황으로 수년 동안 주춤했지만, 국내 체류 외국인은 2024년에 전체 인구 중 이미 5퍼센트가 넘는다. 세계는 이미 한국을 다인종-다문화 국가로 본다.

통계청에서 발표한 2017년 출생과 사망 자료를 보면 당시 합계 출산율이 한 명이었는데 한국에 정착한 다문화 가정의 출산율은 세 명을 넘었다.[47] 다문화 가정의 출생아 비중은 2011년 이후 매년 전체 신생아 수의 5퍼센트를 차지하며, 유엔미래보고서에 의하면 2050년 한국의 다문화 가정 구성원의 비율은 전체 인구에서 21퍼센트로 예상된다. 2050년에 외국인 400만 명이 국내에 체류하면 전체 인구 열 명 중 한 명이 (한국어를 모국어로 사용하지 않는) 외국인이다. 400만 명 중에 전문인력도 80만 명이 넘을 것으로 예측된다. 영국과 같은 유럽의 복합민족국가가 대개 10퍼센트 내외의 이주민이 살고 있기에 한국어를 모국어로 사용하지 않는 이주민의 유입은 미래 한국사회에서 커다란 변화를 유도할 것이다.

한국만의 상황은 아니다. 국제이주기구에 따르면 이주자의 규모는 세계적으로 1970년대 8150만 명에서 30년 만에 1억 7490만 명이 되어서 이미 두 배 이상 폭증했다. 이주민이 향하는 곳은 미국, 호주, 캐나다와 같은 전통적인 이민 국가뿐 아니라 경제협력개발기구 OECD, Organization for Economic Co-operation and Development 소속의 다양한 국가로 확산되고 있다. 전 세계적으로 복합민족사회, 다문화사회, 다중언어사회가 확장되는 셈이다.

경제적인 이유로 이주를 선택한다면 대개 이주민은 1인당 국민소득 2만 달러 이상이 되는 국가로 이동한다. 한국은 적정 인구수를 5000만 명으로 보고 있지만 인구가 감소하고 있으면서도 부자 국가로 알려져서 외국인의 유입과 체류는 우리 사회에서 이미 다가온 미래로 인식된다. 인근 국가인 중국과 일본은 전통적으로 다민족, 다문화, 다중언어 사회구조에 배타적인 입장이었지만 큰 폭의 경제 성장을 이뤄낸 한국은 유럽형 복합민족사회의 통치모형을 수용할 가능성이 높다. 우리 중 다수가 여전히 외국인과 함께 살아가는 사회조직에 부담감을 갖고 있지만 관광, 고용, 투자 효과가 크기 때문에 좀처럼 이주민의 체류를 막지 못할 것이다.[48]

그런 점에서 영어열풍의 빈자리에 미련을 두지 말고 다중언어

사회로의 전환적 인식이 필요하다. 한국어만 붙들고 살아온 우리가 왜 영어를 배우고 가르쳤는지 생각해 보자. 그저 미국이 좋고 영국이 좋아서 그런 건 아니었다. 돈이 된다고 하니, 국가와 기업의 경쟁력이라고 하니, 효율적으로 잘 배울 수 있다고 하니 열심이었던 것이다. 동일한 이유로 미래 한국은 다중언어를 사용하는 사회질서가 좋든 싫든 영어열풍의 빈자리를 채울 것이다. 사람들이 미국 시장보다 세계 시장이 더 크다고 비교할 것이다. 돈이 더 된다고 설득할 것이다. 멀티링구얼이 더 멋있다고 동경할 것이다. BTS 정국의 모습이나 영국이나 프랑스 축구 리그에서 활약하는 손흥민, 이강인 선수가 그렇게 보이니까 말이다. 변덕 많은 미디어도 다중언어사회의 인프라가 국가와 기업의 경쟁력이라고 주장할 것이다. 접촉, 횡단, 다중성의 가치로 대화(교육)가 재점검될 것이다. 자연스럽게 우리가 습득해야 하는 대화의 기술이 세련된 원어민 영어, 맥도날드화된 표준적 대화로만 접근되지 않을 것이다.

바이링구얼과 멀티링구얼에 관한 오해

　강의나 강연을 통해 이제 비원어민 학습자, 큰 시험의 수험자, 혹은 모노링구얼 정체성에만 결박될 필요가 없는 세상이라고 전하지만 다수의 청중은 그것을 진지하게 받아들이지 않는다. 내가 가르치는 영어영문과 학생들도 마찬가지다. 모어로 사용하는 한국어에 능숙할 뿐 아니라 영어사용자로서도 중급 이상의 능숙도를 보유하고 있다. 그뿐 아니라 제2외국어로 중국어, 일본어, 스페인어 등을 초급 수준에서나마 사용할 수 있고 해외에서 수학하거나 체류한 학생도 많다. 그럼에도 그들은 학습자, 수험자, 비원어민, 모노링구얼 정체성을 좀처럼 버리지 못한다.
　그런 집착은 대개 바이링구얼이나 멀티링구얼[49]에 관한 오해나 환상에서 비롯된다. 예를 들면 한국어와 영어를 원어민 수준으로 사용해야만 바이링구얼이나 멀티링구얼이라고 생각한다. 그렇지만 복수의 언어를 모두 능숙하게 사용하는 멀티링구얼은 없다. 재미교포가 어린 시절부터 미국에서 학교를 다녔고 영어를 원어민처럼 잘한다. 한국인을 만나면 능숙하게 한국어로 말한다. 부모와 형제가 한국인이라 집이나 교회에서 한국어를 자주 사용하고 일상 대화를 배운 것이다. 그렇지만 잘 관찰해 보라. 그는 한국어로 능숙하게 읽거나 쓰지 못할 것이다. 익숙하고 잘 알고 있는 상황에서만 말을 잘하는 것이다.

그와는 대비적으로 어떤 영어학습자가 어릴 때부터 영어책을 많이 보았고 뭐든 잘 읽고 해석할 수 있다. 영어로 작문도 할 수 있는데 듣고 말하는 데는 능숙하지 못하다. 내가 가르치는 영어영문과 학생들도 그런 편이다. 그런데 재밌게도 이런 유형의 언어사용자는 바이링구얼이라고 불리지 못한다. 말하기든 읽기든, 서사든 논증이든 두 가지 언어로 뭐든 잘 감당한다면 당연히 바이링구얼 정체성이 부여된다. 그러나 모두 잘하지 못하고 일부만 잘해도 바이링구얼이다. 복수의 언어를 사용하는 환경에 소속되기만 해도 바이링구얼이다. 복수의 언어를 배우고만 있어도 유창성에 상관없이 바이링구얼이다.

상황에 소속되거나, 관계가 형성된 것만으로도 바이링구얼이 되는 것이다. 아빠와 엄마가 미국으로 유학을 떠났다. 네 살 꼬마는 고작 한국말만 할 뿐인데 미국에서 유치원을 다녀야 한다.

반년이 지났고 아직 영어로 능숙하게 말하지 못한다. 그렇지만 이 꼬마는 바이링구얼로 살아가고 있다. 당연히 아빠와 엄마도 바이링구얼로 살아간다. '에이, 한국 사람이나 다름없는데 뭐가 바이링구얼이야?'라고 반박하고 싶겠지만 그런 환경에서 그들은 두 가지 이상 언어를 사용하며 살고 있는 바이링구얼이다.

바이링구얼은 복수의 언어를 사용할 수 있는 '언어능력'이 있다고 정의되겠지만, 여기서의 '능력'이란 개념은 유연하고도 폭넓게 이해되어야 한다. '능력이 있다'는 것은 정도의 차이일 뿐 조금만 있어도 능력이 있는 것이며, 조금 밖에 없다고 '능력이 없다'고 단정될 수 없다. '복수의 언어를 원어민처럼 사용$^{native\text{-}like\ control\ of\ two\ languages}$'하는 수준이어야 바이링구얼로 정의하자는 주장도 물론 있다. 그러나 여러 학자가 자신의 모어인 제1언어와 함께 유의미한 수준에서나마 제2언어로 의사소통을 감당하는 바이링구얼을 주목하고 있다. 바이링구얼의 유형을 간단하게 몇 가지만 살펴보면 다음과 같다.[50]

'초기$^{early,\ ascribed}$', '후기$^{late,\ achieved}$' 바이링구얼

흔히 여덟 살 이전에 하나의 언어를 습득하고 이후에 다음 언어를 습득하는 화자라면 '후기 바이링구얼'로 불린다. 이른 나이부터 바이링구얼이 되는 아이들은 '초기 바이링구얼'이며, 두 유형으로 다시 나눌 수 있다, 하나는 꾸준히 여러 언어를 동시에 사용하는 언어환경에 살고 있는 '동시적인-초기simultaneous-early 바이링구얼'이고 다른 하나는 모어를 우선 습득한 후에 추가 언어로 두 번째 언어를 배우고 있는 '연속적인-초기successive-early 바이링구얼'이다.

'균형적인balanced', '지배적인dominant' 바이링구얼

만약 사용하는 언어들의 능숙도가 비슷한 수준이라면 '균형적인 바이링구얼'로 불리겠지만 우리 주변에서 보기 힘들다. 개인의 욕망과 태도는 특정 언어에 편향될 수밖에 없다. 우리는 대개 하나의 언어에 훨씬 더 능숙한 '지배적인 바이링구얼'이다. 학교를 다니면서, 혹은 어려운 말과 글을 감당하는 지식 활동을 시작하면 하나의 언어가 선호된다.

'생산적인prductive', '수용적인receptive, passive' 바이링구얼

복수의 언어를 습득하고 사용할 때 말하기나 쓰기에 능숙하다면 '생산적인 바이링구얼'이다. 듣기와 읽기가 더 편하다면 '수용적인 바이링구얼'이다. 사회에서는 내향적 성격보다 외향적인 성격이 선호될 수 있다. 그렇지만 사회적 기대와 신념체계는 바뀔 수 있고, 유전학적으로도 외향성이 내향성보다 우월하다고 단정할 수 없다. 마찬가지로 생산적인 바이링구얼이 수용적인 바이링구얼보다 선호될 수는 있겠지만 우월하다고 볼 수는 없다.

'최대치 maximal', '최소치 minimal' 바이링구얼

복수의 언어를 원어민 수준으로 능숙하게 감당할 수 있다면 '최대치 바이링구얼'이다. 어휘를 나열하고 외운 문장에 의지하는 초급 수준이라면 '최소치 바이링구얼'이다. 초급 수준의 언어 사용이라도 바이링구얼 정체성이 부여될 수 있다.

'시작된 incipient', '휴면된 dormant' 바이링구얼

모어 이외에 추가적인 언어를 시작 단계에서 학습하거나 사용하고 있다면 '시작된 단계의 바이링구얼'이다. 또는 추가적인 언어를 사용할 기회가 사실상 중단되었고 이제 가용 상태가 아니라면 '휴면된 바이링구얼'로 봐야 한다.

'복합적 compound', '조종적 co-ordinate', '종속적 subordinate' 바이링구얼

복합적인 인지활동에 복수의 언어를 포개어 사용하는 것에 익숙하다면 '복합적 바이링구얼'이다. '조정적 바이링구얼'은 복수의 언어 코드를 별도로 생각하고 나중에 연결하고 조정한다. '종속적 바이링구얼'은 제1언어를 우선적으로 사용하며 추가적인 언어들의 사용은 제1언어에 종속시킨다.

세계화 시대, 이주와 이동의 문화, 가상공간의 매체에서 이와 같은 유형의 바이링구얼은 차고 넘친다. 모두 접촉과 횡단의 자원을 활용하면서 창조적이고도 협상적인 대화를 만드는 언어주체다. 이들은 더 이상 특별하게 배려되어야 하는 '그들'만의 소수 집단이 아니며 바로 '우리' 자신이기도 하다. 일상적인 대화로 말 차례를 교환하는 우리 곁에 있는 이웃이고 동료다.

멀티링구얼로 살아가는 미래의 대화

그래픽 노블 《히마와리 하우스》를 일간지 서평만 읽고 서점에서 구매했다. 서로 다른 국적과 문화적 배경을 가진 세 여성이 일본의 셰어하우스에서 '언어적 타자'로 함께 의지하며 살아가는 이야기다. 한국에서 온 혜정, 미국에서 이주민으로 살다가 모국을 찾은 나오, 그리고 싱가포르에서 온 티나는 '불완전한 언어'로 소통하고 서로의 고민과 고통을 나눈다.

처음부터 끝까지 재밌고도 진지하게 읽었다. 셰어하우스에서 같이 사는 일본인 마사키는 여러 언어 중에서도 특히 영어 때문에 위축된다. 나오는 미국에서 이주민으로 살아가며 영어 때문에 근심이 많았다. 티나는 일본에서 영어를 가르칠 수 있다고 생각했지만, 동양인 외모 때문에 기회를 얻지 못하고 식당에서 일해야만 했다. 영어의 문제만은 아니다. 세 여성은 모두 일본에 와서 일본어에 능숙하지 못한 언어적 타자로 살면서 소외감을 느낀다. 나오는 태어난 모국에 와서 일본어를 배우지만 일본어로 말하는 것이 '간신히 물에 떠서 허우적거리는 느낌'이라고 표현한다.

한국어, 일본어, 미국영어와 싱가포르식 영어(싱글리시)가 말풍선 안과 밖에서 그래픽으로 재미나게 그려져 있다. 그들의 슬픔과 기쁨이, 비관과 긍정이 지면 위에서 기묘하게 공존하고 있다는 인상을 받았다. 그들은 모두 일본어를 배우기 위해 일본에 왔지만 나오와 일본어로 소통하기 힘드니 영어를 사용하기로 한다. 모두가 여러 언어를 교차적으로 사용하는 멀티링구얼이자 트랜스링구얼로 살아간다. 혜정과 사사키는 영어를 링구아 프랑카로 사용한다.

작가 역시 다문화 가정에서 자랐고 여러 나라에서 살아본 경험이 있기에 복수의 언어가 공존하는 곳에서 만나는 불편과 곤란이 무엇인지 잘 아는 것 같다. 여러 언어로 살아가는 링구얼의 일상은 즐겁지만은 않다. 그렇다고 고통과 갈등만 있는 것도 아니다. 히마와리 하우스 청년들은 결국 그들이 고통받았던 언어로부터 자유를 찾는다. 서로를 위로하며 자신의 정체성을 조정한다. 언어의 문제가 삶의 결핍으로만 연결되지 않으며 기회의 자원으로 전환될 수도 있다는 장면이 곳곳에 배치되어 있다.

이 소설은 영화 〈스팽글리쉬Spanglish〉의 여러 장면을 떠올리게 한다. 멕시코에서 어린 딸과 미국 LA로 온 플로르는 스페인어만 사용하고 지내다가 백인 가정에서 살림을 돕는 일을 하며 영어를 배우기 시작한다. 플로르에게 영어는 마치 장벽처럼 느껴지기도 했지만 결국은 이겨내고 모노링구얼 정체성에서도 벗어난다.

한국어를 사용하는 바이링구얼도 해외 방송에 종종 등장한다. 캐나다 CBC에서 2016년부터 5년 동안 방영된 시트콤 〈김씨네 편의점Kim's Convenience〉에서 한국어와 영어를 함께 사용하는 바이링구얼이 등장한다. 캐나다에서 한인 이주민 1세대로 나오는 '아빠Mr. Kim'와 '엄마Mrs. Kim'는 원어민 영어와 다른 한국식 영어를 사용한다. 발음만 들어도 코믹한 캐릭터가 연상되겠지만 나로서는 그들의 한국어-영어 사용전략이 조금도 불편하지 않았다. 그들은 바이링구얼로 살아가는, 아니 살아가야만 하는 우리 다수의 모습과 크게 다를 바가 없다.

누구는 그런 장면을 보면서 이주민의 바이링구얼 정체성이 우습게 보일지 모르겠다. 그러나 나는 방송에서 보이고 들리는 캐나다인의 표준영어, 한국식 영어, 한국어와 영어의 공존, 캐나다인과의 대화, 한국인과의 대화, 그리고 같은 이주민과의 대화가 혼합된 모습이 오히려 창조적이고도 고유한 언어사용의 사례로 보였다.

극 중에서 김씨 부부는 캐나다에서의 삶에 만족하며 스스로 '캐나다인'으로 지칭하기도 하지만, 한편으로는 캐나다에서도 한국인으로 살 수밖에 없다는 모순적인 (그래서 역동적인) 정체성이 드러난다. 집에선 한국어로 대화하면서 일터에서는 영어로 대화하는 것이 그들만의 고유한 삶의 방식이고 이주민의 언어로 살아가는 정체성이다.

대한민국은 세계에서 손꼽히는 경제 강국이고 문화 강국이다. 세계의 시선은 한국이 일본이나 캐나다와 다름없는 곳이다. 우리가 다니는 학교나 직장에 나오, 혜정, 티나가 없을까? 우리 곁에 편의점 김씨 부부가 없을까? 이제 그만 한국어만의, 원어민 영어만의 대화에 집착하지 말고, 새로운 대화문화에 참여할 멀티링구얼을 환영할 때다.

6부

대화의 미래,
미래의 대화

AI가 생성하는 대화는
대화가 아니다

대화의 미래에서 빠질 수 없는 주제는 인공지능AI, artificial intelligence이다. 우리는 머신러닝과 딥러닝을 지나 생성형 인공지능의 시대에 살고 있다. AI 덕분에 여러 산업군의 생산성은 큰 폭으로 증가하고 있으며 알고리즘이 복잡하고 분석하는 연구 분야에서는 큰 성과가 도출될 것으로 기대된다.

생성형 AI는 대화, 서사, 논증을 만들고 교육, 번역, 통역, 창작, 편집, 교정 등 인간이 하는 언어활동에도 개입한다. 논문을 기획하고, 제목을 찾고, 초록을 작성하고, 목차를 구성하고, 초안을 만드는 논문 작성에도 도움이 된다. 생성형 AI는 더 이상 검색 수준으로만 사용되지 않는다.

그런 AI가 '대화자'의 역할도 잘 감당할 수 있을까? AI 스피커,

콜봇, 챗봇과 같은 대화 앱은 시장에 출시되어 있다. '대화형 AI'는 자연어 처리NLP, natural language processing 기술로부터 인간처럼 언어를 생성하고자 한다. 초대형 언어모델LLM, large language model 기반으로 미리 저장된 엄청난 분량의 데이터로 자연스러운 말을 모방한다. NLP는 주어진 입력 문장을 형태소, 구문, 담화 단위로 분석하면서 사전이나 문법 데이터로부터 의미를 추론하고 문장 생성기에 의존하여 출력 문장을 만든다.

자연어 처리에 음성 엔진이 결합하면 문자로 제공되는 챗이 아닌 음성 기반의 대화가 가능해지고, 이걸 전화와 연결하면 콜봇이 된다. 이렇게 인간만의 고유한 활동이라고 알려진 대화조차 AI가 감당하는 것으로 보인다. 이 책에서 다뤄진 대화에 관한 모든 변인이 데이터로 입력된다면 생성형 AI가 사람처럼 대화하지 못할 것도 없다.

그렇지만 대화를 가르치고 배우고 사용하는 여러 현장에서 AI를 갑작스럽게 도입하려는 시도는 신중하게 재고해야 한다. 다음과 같은 여러 이유로 대화가 대화다울 수 있는 기본적인 속성을 대화형 AI가 감당하지 못하기 때문이다.[51]

첫째, 자연스러운 대화는 화자끼리 능동적이면서도 즉흥적인 개입이 허락되어야 한다. 누구나 말 차례를 가져올 수도 있고 필요하다면 고집스럽게 지켜질 수도 있고 상대방에게 양도할 수도 있다. 그러나 AI는 예측 가능한 수준의 목표지향적 시스템에서 만들어진 것이라 인간 사용자가 대화 수행을 지시해야만 반응한다. 주제어(참조물)가 주어져야만 AI의 말 차례로 바뀐다. 호명을 해야만 AI는 대답한다. 인간 사용자의 발화가 종결되어야만 AI가 말 차례를 갖기 때문에 말하는 도중에 끼어들지도 않는다. 우리는 이 같은 대화 형식에 만족감을 느끼기 어렵다. 맥도날드화된 대화가 그러했듯이 즉흥성과 변주성이 사라진 대화는 따분하고 답답하다.

둘째, 화제 역시 화자 누구나 시작할 수 있고, 달라질 수도 있고, 서둘러 종결될 수도 있어야 한다. 그렇지만 AI는 화제를 협상하지 못한다. AI는 반응자일 뿐이며 인간 화자와 대화처럼 들리는 '결과물'을 생성할 뿐이다. 개시한 화제는 반드시 마쳐야 하는 AI와의 대화는 전형적인 맥커뮤니케이션 속성을 지니고 있다.

셋째, 인간 화자는 한 번의 말 차례에서 온전한 문법으로 필요한 정보를 말끔하게 전달하지 않고 '수정' 전략을 통해 다시 시작하거나 보완하면서 말한다. 상대방이 말할 때 맞장구를 치면서 수정할 내용을 즉흥적으로 보태기도 한다. 그러나 AI는 말 차례나 화제 전환에 경직되어 있다. 대화 정보를 교환하면서 자신이 하려는 말을 유연하게 수정하지 못한다. 인간에게 '수정'은 자연스러운 대화의 과정이지만, AI에는 '오류'의 결과물로 취급될 뿐이다. 오류를 허락할 수 없는 대화형 AI는 버퍼링 없이 능숙하고도 즉각적으로만 말한다.

넷째, 대면 대화에서는 구어체, 혹은 말 문법으로 화자 간에 자유롭게 의미가 협상된다. 글로 교환되는 의사소통보다 문체와 문법은 느슨하고 내용은 불완전하게 들린다. 서로 존중하고 협력하는 인간 대화라면 화자 누구나 자유롭게 말할 수 있고 상대방 발화는 늘 예측될 수 없다. 게다가 인간 화자는 파편화된 정보, 중단과 망설임의 화법, 일부러 애매하게 발화하는 대화기술을 사용한다. 익숙한 맥락, 친밀한 관계의 화자일수록 사소하더라도 선행적으로 공유된 지식과 경험을 전제하며 대화한다. AI는 아직도 그만한 수준의 변수 조합을 감당하기 어렵다.

다섯째, 대화에서 필요한 자원은 언어지식만이 아니고 특정 공간에서 통용되는 사회문화적 지식까지 포함된다. 현재 AI 기술로는 과장, 반문, 은유, 풍자, 전제, 암시 등으로 추론되는 사회문화적 내용, 혹은 억양, 동작, 표정 등으로 전달되는 함축적인 의도가 데이터로 관리되기 어렵다. 언젠가 AI가 감정이 담긴 억양, 말 속도의 차이까지 구분하고 그것으로 화자의 의도를 이해하고 공감할 수 있을까? 복잡하고 다양한 음성 감정을 범주로 나누어 알고리즘으로 설계하기도 쉽지 않지만 구술 의사소통 현장은 음성 신호의 노이즈가 많아서 데이터로 수집하고 전환하기도 어렵다. 표정의 인식 기술 역시 꾸준히 발달하고 있지만 미시적인 변화를 데이터로 옮기기 어렵고 같은 표정이라도 얼마든지 다른 의미가 표현될 수 있다.

요약하자면 여전히 AI는 자연스러운 대화의 협력자가 될 수 없다. 주어진 키워드(참조물)에 의존하면서 목적지향적이고 예측이 가능한 맥도날드식 대화만을 생성할 뿐이다. 자연스러운 대화는 이와는 분명히 다르다. 얼마든지 비참조적일 수 있고 예측은 쉽지 않다. 참조물이 없더라도 공간적이고 기호적인 자원이 활용되면서 정서적인 교감만으로도 대화는 시작되고 유지될 수 있다. 나는 맥도날드화된 대화를 비판할 때 '인간다운', '자연스러운' 대화는 합리성과 지능의 원리로만 구성되지 않다는 점을 강조했다. 대화형 AI 역시 동일한 논거로 비판할 수 있다.

AI는 대화교육의
튜터가 될 수 없다

    2024년부터 서울시 초중등학교에서 '로봇 튜터'가 도입되어 학생들에게 영어 대화를 가르친다고 보도되었다. 서울시 교육청이 '영어 공교육 강화방안'으로 발표한 것이며 영어 사교육비를 낮추려는 취지에서 공교육에 영어학습 프로그램을 지원한다는 기획이다. 보도 기사를 보면 '영어 공부에 대한 동기와 흥미를 유발하기 위한 목적'으로 튜터 로봇이 맞춤형 회화 연습을 하도록 돕는다. '음성형 챗봇' 앱도 도입되며 교사가 수업 시간에 활용할 수도 있지만 학생들이 집에서 혼자 로봇과 말하기를 연습할 수도 있다.

    그렇게 호들갑을 떨던 기사 내용이 민망하고도 안타깝기만 했다. AI는 여전히 대화교육의 튜터가 될 수 없기 때문이다. 당시 조희연 서울시 교육감은 '서울교육 국제화 방안'을 함께 발표하면서 이주 배경 학생의 비율이 높아지고 해외 교류 기회가 확대되는 만큼 세계시민교육에 투자하겠다는 기획도 언급한다. 내국인과 외국 학생들이 함께 공부하는 '국제공동수업'을 확대하고 '세계시민교육원'을 설치하겠다는 계획도 언급된다.

과연 조희연 교육감의 야심 찬 선언대로 AI가 주도하는 교육이 글로벌 교육을 선도하게끔 유도하고 '열린 다문화 시대'까지 도울 수 있을까? 보도 내용으로만 판단해도 로봇 튜터가 등장하는 영어회화 교육은 거창한 세계시민교육, 국제화 정책, 다문화 시대라는 청사진과 어울리지 않는다. 공학적인 기획은 인간의 언어활동마저 합리성의 원리로 전환시키고 입력, 저장, 출력의 절차에서 언어정보를 표준적으로 처리하게끔 한다. 로봇까지 등장시키는 대화형 AI마저 방치하다가는 대화 기반의 삶과 교육이 엉망이 될 것만 같다.

아직 세상 그 어떤 AI도 말 차례를 교환하면서, 즉흥적으로 대화의 화제를 바꾸고, 맞장구를 치거나, 말을 겹치지 못한다. 또는 중요한 부분에 억양마저 달리하면서 내용을 추가로 부연하고, 또 어떤 부분에서는 침묵하거나 간략하게만 언급하고 넘어가는 방식으로 대화를 만들 수 없다. AI는 발화의 경로와 가능성을 사전에 모두 프로그램화시켜야 하는데, 대화적 맥락과 관계변수가 너무 다양한 만큼 그만한 입력값을 모두 투입하기 어렵기 때문이다. 임의적이고 즉흥적인 소통의 변인을 프로그래밍 일부에 반영할 수 있겠지만 예측이 가능해야 하고 제한적인 수준일 수밖에 없다. 그런 이유로 AI와 대화를 공부하는 학생은 연습하면 할수록 인간과의 대화를 유연하게 감당하지 못하는 역설에 빠질 수 있다.

대화는 둘 이상의 참여자가 의미를 협상하는 말하기 활동이다. 우리는 언어발달의 시작점부터 대화를 배운다. 그리고 의사소통 환경이 위협적이지만 않다면 대화는 누구나 참여할 수 있고 배울 수 있다. 어린 학습자라면 인색하고도 이상하게 말하는 AI와 굳이 대화 친구가 되지 않아도 된다. 자신의 모어나 공간적 자원으로 의미를 자유롭게 협상할 수 있는 인간 화자와의 경험이 더 소중하다.

AI 대화는 한 편에서만 (대부분 인간만이) 주도적으로 대화에 참여한다. AI는 입력된 것으로 출력을 내어주는 하나의 반응 함수에 불과하다. 고객 관리를 돕는 제한된 용도가 아니라 대화를 가르치고 배우는 교육현장에서 AI로 인간 대화자를 대체하겠다는 기술적인 발상은 재고되어야 한다. 어린 학생을 가르치는 교육현장이라면 더욱 신중하게 검토되어야 한다.

AI는 알고리즘 기반 학습을 통해 완벽하게 문법지식을 숙지할 뿐이다. 문법은 대화기술의 필수 조건이 아니다. 그런 점에서 로봇까지 동원할 만큼 대화교육에 너무 호들갑을 떨지 말아야 한다. 대화가 합리적이고 효율적인 속성으로 관리될수록 어린 학습자는 지루하거나 불편하거나 어렵게 느낀다. 멀티미디어 교재와 표준화 시험으로도 부족해서 이제 로봇까지 동원되어야 할 만큼 대화교육에 전념하지 말아야 한다. 대화는 누군가로 살아가는 (다르게 살아가기를 기대하는) 정체성의 표지다. '로봇과 대화를 연습하는 나'는 '로봇과 대화하며 살아가는 나'의 삶에 익숙해진다.

우리는 누구나 자연스럽고도 상호작용적인 대화를 온전하게 배워야만 한다. 우리는 참조물이 없더라도 감정을 표현할 수 있고, 침묵과 망설임에 관대하며, 천천히 서로를 존중하며 의미를 협상하는 언어사회화 과정을 경험해야만 한다. 그렇게 대화를 배울 때만 우리는 좋아하는 사람과 함께 침묵 가운데에 있을 수도 있다. 여행지에서 한적하게 대화를 나누며 산책할 수도 있다. 고민하고 고통을 겪으면서도 차분히 경청하고 말을 건네며 대화를 섞을 수 있다. 우리가 대화를 배우는 이유는 '대화하는 너와 내'가 되기 위해서라는 걸 잊어선 안 된다.

언어시험에
대화는 사라진다

    대화다운 대화로 살아가는 언어사회를 만들기 위한 캠페인 중 하나는 고부담 의사결정을 위한 속도시험에 대화 지문을 더 이상 사용하지 않는 것이다. 언어능력이나 구술능력을 평가하는 문항에 맥도날드화된 대화를 등장시키지 않는 것이다.

    언어를 가르치고 배우는 현장에서 평가활동은 중요하다. 사전에 얼마나 알고 있는지, 잘 배웠는지, 뭘 모르는지, 교실 밖에서 얼마나 능숙한지 모두 평가를 통해 추론할 수 있다. 그러나 초·중급 단계부터, 특히 어린 학습자일 때부터 언어평가 현장에서 대화의 형식성, 대화의 상호작용성은 심각한 수준으로 왜곡되어 있다. 시험에 등장하는 모든 대화는 맥도날드화 원리로 제작되고 통용되고 소비되고 있다. 큰 시험에 대비하는 대화교육의 병폐가 너무나 심각하기에 관행을 방치하고서는 무엇이든 바꿔볼 도리가 없다. 시험에서 대화 지문이나 문항을 삭제하는 것이 그나마 현실적이면서 타당한 해법으로 보인다.

수능, 토익, 오픽 같은 영어시험이나 토픽 같은 한국어시험은 입학, 졸업, 입사, 체류, 자격 취득, 승진 등과 같은 고부담 의사 결정에 사용되고 있으며 수험자는 단기간에 '효과적으로' 고득점, 혹은 목표 점수를 획득하기 위해 애쓰고 있다. 지필 시험의 '정답 찾기' 전략처럼 말하기시험에서도 고득점을 받을 수 있는 시험 대비 기술이나 모범답안이 사교육 시장에서 활발히 유통되고 있다. 시험을 대비시키는 학원에서 사용하는 사전 대본은 소위 '족보'로 알려져 있으며 대리인을 통해 시험 점수를 획득하는 극단적인 합리성이 일부 사회구성원 사이에서 용인되기도 한다.

우리는 대화를 잘 배우고 싶다. 대화는 삶을 살아가는 중요한 기술이기 때문이다. 다행히 일상적인 소재를 다루는 대화는 누구나 쉽게 익히고 사용할 수 있다. 유치원생, 초·중급 수준의 언어학습자, 외국인 유학생, 심지어 반려견도 배울 수 있다. 위협적이지 않은 관계에서 서로가 공유하는 공간적 자원이 활용될 수 있다면 누구나 상대방과 대화를 시작하고 의미를 협상할 수 있다. 그런데도 우리는 왜 맥도날드화된 대화에 포획되어 무력하고 무능한 화자임을 자처하는가? 우리는 왜 매끈하기만 할 뿐

인색하게 만들어진 대화문을 그토록 분해하고 분석하고 암기하고 있는가?

고부담 의사결정을 위한 속도시험에 맥도날드화된 대화가 위압적으로 버티고 있다면 교재에서도 교실에서도 대화교육은 바뀌지 않을 것이다. 역설적이지만 시험에서 대화를 버리는 것이 대화교육을 살리는 것이다. 대화를 이용해서 어휘나 문법 지식, 혹은 구문을 이해하거나 생성하는 능력을 평가하려고 한다면 얼마든지 다른 장르의 글이나 말, 예를 들어 지침이나 지시문, 스토리, 발표문, 논설문을 사용하면 될 것이다.

말 차례가 고작 네 번에서 여덟 번 정도인 대화문을 들려주거나 보여주고 빨리 답을 찾게 하거나, 그와 비슷한 (효율적인) 대화를 해보라고 요구하면 다수는 불필요한 불안이나 긴장감을 가질 수밖에 없다. 시험에 등장하는 대화와 시험장 밖 실제적인 대화의 모양이 너무나 달라서 대화문을 활용한 시험의 (내용, 구인, 결과)타당도는 낮을 수밖에 없다. 대화하는 상황과 관계를 제대로 반영하지도 못한다면 대화능력은 부적절하게 추론될 것이고 해당 시험 성적은 공정하게 사용되지도 못한다.

일상적인 대화를 시험에 굳이 사용하려면 대화의 기본적인 속성, 즉 비계획성이나 비예측성이 어느 정도 반영되어야 한다. 대화를 시작하기 전에 누가 어떤 내용의 발화를 얼마만큼 하고, 한 편의 말 차례가 끝나면 다른 편에서 어떻게 대화를 이어갈지 등에 관해 사전에 계획되지 말아야 한다. 협상적이고 협력적인 대화에서는 말 차례부터 엄밀하게 통제되지 않는다. 말 차례가 교대되는 중에 말의 길이, 내용, 순서가 재구성될 수 있다. 화제 역시 자발적으로 생성되고 즉흥적으로 부연될 수도 있지만 전환도 가능해야 한다.

대화를 큰 시험에 사용하려면 구어 문법이 허락되어야 한다. 참조물 기반으로 대화를 유도하려면 참조물에 관한 정보가 충분히 제공되어야 한다. 그러나 대개 수험자는 구어가 아닌 문어로 작성된 대화문을 만난다. 인색한 참조물 정보로 정답을 찾거나 1분 내외로 혼자서 무언가를 생각하고 다급하게 말해야 한다. 그와 같은 시험의 절차는 대화다운 대화의 등장을 사전에 차단한다. 대화는 실시간으로 흘러가는 것인데 수험자는 제한적인 말 차례로 구성된 대화문에만 전념해야 한다. 결국 시험에 나올 만한 대화문에 밑줄을 긋고 별표를 붙이며 분해하고 분석하고 암기하지 않을 수 없다.

앙상한 대화만으로 서둘러 정답을 찾거나 말하기를 마쳐야 한다면 지루하고 불편하고 잔인한 학습이다. 그런 시험만 반복해서 준비한다면 시험장 밖에서 상호협력적인 대화를 나눌 수 있는 호기심이나 잠재력마저 사라진다. 함께 나누는 일상적인 대화가 결코 어려운 의사소통이 아님에도 불구하고 어려운 시험을 대비하는 기술이 동원되어야 할 것만 같다. 대화능력을 효율적으로 측정한다는 명분으로 대화교육은 괜히 어렵고 불편해지고 있다. 큰 시험에서부터 대화를 없애지 않을 수 없다.

참조물로 대화를 가르친다는 강박에서 벗어나기

온전한 대화는 너와 나의 '사이'를 연결한다. 우리는 무언가를 참조하는 대화적 활동으로 서로를 알아가고 인정한다. 이때 대화의 소재가 되는 참조물이 정확하게 재현될 수 없으며 오히려 참조물을 두고 협력적으로 대화하고 의미를 계속 보완하고 조정하는 관계성이 더 중요하다.

참조물의 의미는 누구에게나 동일하거나 영구적일 수 없다. 오히려 다양한 상황으로부터 서로 다르게 재현되고 수정되고 보완될 수 있어야 한다. 사람, 사물, 상황, 지침, 사건, 쟁점 등과 같은 참조물 자체가 의사소통의 목표일 수 없다. 참조물은 한번으로 온전하게 파악되기 어렵다. 대화에 참여한 화자들은 참조물에 관한 서로의 필요와 욕망, 감정과 의견을 나눌 수 있어야 하고 그것이 대화를 나누는 목적이어야 한다.

그렇지만 대화를 공부하는 다수 학습자는 참조물 기반의 대화교육이 지루하기만 하다. 학생들에게 물어보면 참조물로 공부하는 영어회화 수업은 원어민 선생님이 가르칠 뿐 문법이나 독해를 배우는 수업과 다를 바 없다고 한다. 그들은 교재로 시험을 준비하면서 영어회화도 열심히 공부한다. 수업에서 A 학점도 받고 말하기시험에서 좋은 성적도 받는다. 그렇지만 교실이나 시험장 밖에서 대화하려고만 하면 말문이 막힌다.

아직도 자신의 노력이 부족한 것 같아서 다시 영어회화 수업에 등록한다. 미드도 보고 말하기능력에 도움이 된다는 섀도 리딩shadow reading도 한다. 그렇게 또 '혼자서' 회화를 열심히 공부하는데, 학교나 회사에서 하는 프리 토킹은 여전히 어렵다. 의미를 협상하는 자연스러운 대화에 참여조차 하지도 못한 채 교재나 시험에 등장하는 참조물만 붙들고 모범답안으로 말하는 연습을 반복한다. 교재로 공부하면서, 컴퓨터 화면 앞에서 주어진 질문에 대답하면서 참조물에 관해 강박적으로 서둘러 말하는 연습만 반복한다.

초·중급 단계의 대화교육에서 참조물에 관해 정확하게 말하는 활동만 강조되면 참조물로 이런저런 대화를 즉흥적으로 협상하는 필요가 사라진다. 교재나 시험의 참조물이 화자가 해야 할 말과 하지 말아야 할 말을 엄격하게 통제하는 셈이니 결국

'주체의 전이' 현상이 일어난다. 참조물을 말하는 대화자의 주체는 뒤로 밀리고 참조물 자체가 더 중요해진 것이다.

어린 학생일 때부터 지면이나 화면에 인색하게 주어진 사진, 그림, 도표, 지문, 지침 등의 참조물을 묘사하고 서술하고 비교하고 설명하는 혼자만의 학습만 반복한다면 '말하기'는 곧 '참조물에 관한 말하기'나 다름없다. 참조물에 관해 주어진 짧은 시간에 능숙하게 말할 수 있다면 대화도 잘하는 것이다. 그렇지만 우리는 참조물 없이도 얼마든지 대화를 나눌 수 있다. 참조물이 느슨하게 언급되면서도 대화는 늘어질 수 있다. 참조물이 아니라, 너와 내가 대화의 주체가 된다면 말이다.

'참조물도 없이 어떻게 대화를 가르칠 수 있을까?', '참조물이 엄격하게 배치되지 않고 말하기교육이나 평가가 과연 가능할까?' 다시 강조하지만 초·중급을 넘어선 말하기교육과 평가라면 참조물이 활용되어야 한다. 언어 능숙도가 상급이나 최상급 수준인 대화자라면 서사와 논증을 참조물 기반으로 상술해야만 한다. 그러나 (특히 초·중급 언어 능숙도 수준에서) 참조물 기반의 대화가 지나치게 강조되면 대화를 함께 나누는 화자들의 필요, 개성, 전략, 재미 등은 참조물 뒤로 가려지게 된다. 참조물은 이름 그대로 참조만 할 필요가 있다.

학생 편에서 보면 참조물 기반의 대화교육이 너무나 진지하고도 지루하게 보인다. 대화를 통해 우린 진지하게 무언가를 말할 수 있다. 그러나 가장 먼저 익숙해져야 하는 대화의 속성은 '티키타카'의 상호작용이다. 축구 경기에서 짧은 패스로 상대편 골문으로 전진하듯이 너와 내가 말 차례를 빈번히 교환하면서 함께 대화를 개시하고 유지해야 한다. 참조물을 엄격하게 말하지 않더라도 얼마든지 누군가의 대화기술은 추론될 수 있다. 의미를 협력하며 말할 수 있는 나, 너, 우리가 대화의 공간에 먼저 존재해야 한다. 참조물이 그런 상호작용적 존재성을 돕지는 못할망정 방해만 하고 있다면 참조물 기반의 대화교육은 지금보다 훨씬 더 느슨하게 기획되어야 할 것이다.

대화는
공공재가 된다

    대화는 아이일 때나 배우는 의사소통 기술이 아니다. 대화는 초·중급 수준의 언어학습자가 연마하는 기초적인 언어활동만도 아니다. 대화는 진학이나 취업을 위한 인터뷰 기술과도 다르다. 대화는 공공재로서의 자원으로 봐야 한다. 대화교육은 서로 협력하면서 모두의 변화와 회복을 감당하도록 돕는 사회적 인프라가 될 수 있다.

    공공재라고 하면 치안 경찰, 도로, 공항, 상수도, 전기 서비스처럼 국가가 제공하는 사회기반시설을 연상한다. 주차장, 공원, 도서관과 같은 공간도 지방자치단체에서 애써 만든 공공재 자원이다. 의무교육인 초등교육도 무상 수준으로 제공되는 공공재이며 공익을 목적으로 누구나 접근할 수 있는 사회적 자원이다. 대화(교육)는 물리적 인프라는 아니지만 서로 소통하고 협력할 수 있도록 유도하는 사회적 인프라로 볼 수 있다. 누군가와 협력적인 대화를 통해 우리는 위로를 나누고, 즐거움을 얻고, 함께 회복되며, 달라진 삶을 감당한다. 그런 점에서 대화교육의 인프라는 확장되어야 한다. 평생교육이나 시민교육으로 기획되고 투자되어야 한다.

디지털 플랫폼 이용이 증가하고 다양한 미디어에서 각종 텍스트가 홍수처럼 쏟아지는 시대에 공공재로서의 대화교육은 특별한 가치를 갖는다. 서로 다른 삶의 양식을 향한 차별과 혐오가 넘쳐나고 있기에 갈등과 분쟁을 줄일 수 있는 '비판적 언어감수성critical language awareness' 교육으로 기획될 수도 있다.[52] 이제 서사로 편집하고, 논증으로 주장하며, 다중모드로 의미를 보완하는 언어교육(특히 영어교육)은 경쟁을 북돋우는 사유재나 경쟁재가 아니라 우리 모두를 돕는 공공재로 인식되어야 한다. 물론 공공재로서의 언어(교육), 혹은 비판적 언어감수성 교육에 관한 사회적 논의가 본격적으로 시작되지 않았고, 무상으로 (혹은 저가로) 콘텐츠를 제공할 수 있는 비용도 마련되어야 한다. 그렇지만 그런 이유 때문이라도 공공재로서의 대화(교육)가 논의되어야 한다.

링구아 프랑카로서의 영어, 혹은 한국어만이라도 의미협상적이고 상호협력적인 대화의 속성으로 학습될 수 있도록 국가나

지역자치단체가 적정 수준의 교육과정을 개발하고 지원하면 좋겠다. 사건을 서술하고 논거로 주장하는 '어려운' 대화를 가르치는 것이 아니다. 이 책에서 내내 다룬 것처럼 누구나 일상적인 대화를 배우고 사용할 수 있다. 대화교육은 우리의 삶을 풍요롭게 전환시킨다. 그런 대화(교육)를 어디서나 언제나 누구나 쉽게 배울 수 있도록 돕자는 것이다.

식사를 자꾸 거르면 굶어 죽을 수도 있(다고 생각되)는 이는 끔찍한 실존을 경험한다. 마찬가지로 대화를 대화답게 나누지 못한다면 언어적 타자로 모멸적이고도 무력한 삶을 감수해야 한다. 언어적 소외와 고립에서 벗어날 수 있는 대단한 비법은 없다. 대화만 가르친다고 문제가 해결된다고 단언할 수도 없다. 그렇지만 배고픈 자에게 한 끼 식사라도 무료로 제공하자는 사회적 캠페인처럼 대화다운 대화 역시 학교 안팎에서 자꾸만 가르쳐야 한다. 원어민이 가르치지 않아도 된다. 현란한 멀티미디어 교재가 동원되지 않아도 된다. 시험 점수가 없어도 된다. 구청이나 공립도서관에 공간이 마련되고, 사회적 기업가가 실행을 돕고, 사람 살리는 대화를 가르치겠다는 자원봉사자도 모이면 대화교육은 공공재의 자원으로 자리 잡을 것이다.

삶을 살아가고, 관계를 만들고, 재미를 찾고, 인간다움의 가치를 복원하고, 새로운 질서와 문화를 조성하는 곳에 그걸 가능하게 하는 의미협상적 대화가 있다. 그런 대화는 공공재의 기능을 갖는다. 공공재로서의 대화는 어려우면 안 된다. 너무 표준적이고 진지하게만 가르치는 (맥도날드화 원리로 운용되는) 고급기술이나 시장재로 보이면 안 된다. 유창하고 정확하게 마치 기계처럼 말하는 것이 목표가 아니다.

공공재가 될 수 있는 느긋하고도 편안한 대화 맥락부터 우리 모두 욕망해야 한다. 어쩌면 내 존재와 서로의 관계를 보듬는 대화를 우리가 이미 일상적으로 감당하고 있는지도 모른다. 나는 토요일 아침마다 달리기 모임에 나간 적이 있다. 여러 국적을 가진, 다양한 언어를 사용하는 러너들이 모였다. 잠수교를 지나 한강대교까지 10킬로미터 거리를 한 시간 정도 함께 달렸다. 영어나 한국어를 제대로 배우지 못한 참가자도 많았기에 서로의 대화가 유창하게 들리진 않았다. 그렇지만 어울려서 함께 뛰기에는 충분한 질감의 대화였다. 수다스럽진 않았지만 누구에게나 말을 걸고 서로를 넉넉하게 격려하던 대화였다. 달리 말하면 우리가 함께 잘 달리도록 돕는 인프라였다. 난 그만한 대화로 달리는 시간이 편하고 좋았다. '유창한' 대화에 관한 편견을 가지고 있었다면 달리기를 아무리 잘하더라도 그런 대화가 오가는 모임에 나가지 않았을 것이다.

나는 어머니와 나누는 대화도 좋아한다. 많이 배우지 못한 내 어머니는 나를 만날 때마다 늘 같은 화제만 건넨다. 어려운 얘기는 모른다. 대화의 소재는 수십 년 동안 반복된 것이다. 음식

얘기, 시장에서 보고 들은 얘기, 주위 아는 분들이 살아가는 얘기를 내게 전해준다. 나는 그걸 듣고 전과 다를 바 없는 대화를 함께 나눈다. 지루하지 않다. 난 어머니와 나누는 대화가 참 편하다. 어머니가 좋아서 그런 대화를 편하게 생각하겠지만 그런 대화를 나눌 수 있어서 어머니가 아직도 좋다. 어머니와 대화를 나누는 안전하고도 친밀한 느낌이 좋다. (지금은 기억도 나지 않지만) 아마도 내가 아주 어렸을 때 어머니는 지금처럼 나와 대화했을 것 같다. 어머니가 내게 가르쳐준 것처럼 나도 사랑하는 사람들과 비슷한 모양의 대화를 나눈다. 내가 늙어서 죽을 때까지 인간다움을 유지할 수 있는 언어사용 중 하나는 서로를 존중하는 (내가 어머니와 나눈 일상적인) 대화법일 것이다.

그런 대화를 누구나 할 수 있어야 한다. 그런 대화가 누군가에게 너무 어렵기만 하다면 그건 어렵게 가르치고, 어렵게 배우기 때문일 것이다. 대화가 어렵다면 그건 개인 탓만 아니다. 혼자서 너무 애쓴 탓일 수 있다. 서로에게 대화가 먼저 편해야 한다. 대화를 공공재의 속성으로 상상할 수 있다면 우리는 편안한 대화를 나눌 수 있는 안전하고 친밀한 관계에 더욱 큰 관심을 가질 수 있다.

대화기술은
자기배려의 기술이다

　문제가 되는 제도를 모두 제거하고 극적으로 사회질서를 개조하면 우리는 고통을 도려내고 평화로운 내면을 가질 수 있을까? 대단하게 보였던 정치인이 대통령으로 당선되었을 때 비루하게 느꼈던 내 인생이 갑자기 달라질까? 그렇지 않다. 흔적은 좀처럼 지워지지 않는다. 매일 선택하고 배치하는 언어와 기호로부터 우리 존재가 새롭게 의례화되지 않는다면 사회구조의 변화만으로 내 삶이 달라지지 않는다.

　우리 모두 진흙탕에서 다투고 지쳤다고 하자. 불편한 진흙탕이라서 괜히 서로에게 시비를 더 걸고 싸웠다. 그런데 그런 진흙탕이 갑자기 맨땅으로 바뀌면 상했던 몸과 마음이 한 번에 회복될까? 소원했던 대화적 관계성이 달라질까? 그렇지 않다. 맨땅에서는 싸움이 더 커질 수 있다. 제도와 정책이 바뀐다고 우리가 사용하던 언어가 갑자기 달라지지 않는다.

우리가 대화를 가르치고 배우고 사용하는 방식은 끈덕지게 익숙한 관행을 따른다. 관행은 좀처럼 변하지 않는다. 그렇다고 하더라도, 혹은 그런 이유 때문이라도 우리의 언어, 우리의 대화는 달라져야 한다. 대화든 언어든 사회구조의 부산물만이 아니기 때문이다. 의미를 협상하는 대화기술, 상호작용을 허락하는 대화교육은 우리의 몸과 마음, 관계와 질서를 새로운 현실로 이동시킬 수 있다.

개인의 삶은 거대한 질서로 포획되지만 내가 선택한 텍스트의 배치만큼 세상은 다르게 구성될 수도 있다. 온전한 대화 텍스트(를 만드는 나)와 그만한 대화로 뭉쳐진 세상은 변증법적 관계로 봐야 한다.[53] 대화의 관례는 지배적인 사회구조가 반영된 것이지만 내가 나다울 수 있는 대화를 욕망하고 참여하다 보면, 화자로서의 내면이, 익숙한 권력관계가, 우리가 속한 조직의 질서도 달라질 수 있다. 대화는 나와 너, 그리고 우리를 바꿀 수 있는 자기배려, 또는 자기변형의 기술이 될 수 있다.

대화가 합리성의 도구, 시장의 재화, 관리의 기술로 대상화될 뿐이라면 그런 대화를 하며 사는 인생도 도구, 재화, 기술로 축소되는 것이다. 서로 다른 대화, 나와 너를 연결하는 (함께 배려하는) 대화가 우리 눈에서 사라지고 귀에서 들리지 않는다는 것은 위험한 징후다. 대화교육에서는 각자마다 아름답게 회복하거나 변화하도록 서로 배려하고 도와야 한다. 그런 점에서 관련 교육자는 '연결'이라는 가치에 전념해야 한다. 나는 성경에서 연결과 연합의 가치를 가르치는 다음 구절을 참 좋아한다. "나는 포도나무요 너희는 가지라 그가 내 안에, 내가 그 안에 거하면 사람이 열매를 많이 맺나니 나를 떠나서는 너희가 아무것도 할 수 없음이라."[54] 포도나무에 붙어 포도 열매가 열리듯 대화의 맥락에서 우리는 서로 연결되어 무언가를 해볼 수 있는 누군가로 성장한다.

그런 점에서 보면 대화교육은 언어발달, 인격발달, 자기변형의 처소가 된다. 온전한 대화를 배우지 못했는가? 그렇다면 지금이라도 자신을 존중하고 능동적인 변화를 감당하기 위해서 다시 배워야 한다. 발달심리학자나 유아교육학자는 유아로 성장할 때 요구되는 욕구나 배려에 반드시 노출되어야 한다고 주장한다. 언어습득론 문헌에서 선명하게 언급되지는 않지만, 일상적이고 균형적인 대화를 배우는 과정도 마찬가지다. 대화의 경험으로부터 화자로서의 실존을 느끼고, 타자를 인정하며, 협력을 배우고, 감정을 나누고, 행동으로 반응하며, 욕망을 지시하고 표현해야 한다. 그걸 제대로 배우지 못하면 고립된 자아, 일방적인 자의식에 갇힐 수밖에 없다.

교재나 컴퓨터 화면을 보면서 대화를 혼자서 공부하는 우리의 모습이 안타깝다. 혼자서만 공감의 대상이 되면서 동시에 위로의 주체 역할도 하는 셈인데, 그러다가 자기애적 경향이 강해질 수도 있다. 어릴 때부터 스스로 접속하고, 필요한 걸 찾고, 빈칸을 채우고, 혼자서 말하고, 알아서 위로하고 공감하는 활동에 익숙하다면 그와 같은 행위성은 결국 일상적인 습관이 되고 고립된 자아정체성을 구성한다. 그리고 특정한 형태의 참조물이나 참조물 기반의 의사소통에 중독적인 태도를 지니게 된다.

나는 교육 현장에서 다양한 연령대의 사람들에게 대화를 가르치고 그들이 배우는 모습을 관찰하고 연구했다. 거기서 마치 행동장애를 겪는 듯한(환자처럼 보이는) 대화 학습자를 목격했다. 대화 교재를 효과적인 자아 기능의 일부처럼 붙들고 그걸 계속 외우면서 자기식의 대화법으로 내면화시키고 있었다. 중독자는 중독된 무엇(예를 들어 술)으로부터 긴장을 풀고, 자신을 위로하고, 그제야 타인에게 다가가는 마음을 가져보는, 악행의 리추얼 ritual(일상에 활력을 불어넣거나 의미 있는 행동을 하는 규칙적인 습관)을 반복한다. 혼자서 섀도 리딩을 하고, 혼자서 화면을 보면서 공부하고, 혼자서 청자와 화자를 동시에 연습하는 리추얼은 언어사용에 관한 고립된 (자기만 존재하는) 의미구조를 학습하는 것이다. 비원어민이라면서, 혹은 초·중급 학습자라면서 결함에 대해 자꾸만 자책하고, 혼자서 판단하고 메우려는 공부만 반복한다.

꽁꽁 얼어붙은 맥커뮤니케이션 대화를 가르치고 배우고, 혹은 시험으로 출제하고 달달 외우며 준비한다면 탐닉과 중독에 의존하는 상태로 봐야 한다. 중독자는 중독된 상태에서 자신이 괜찮게 보인다고 생각하고 자신의 결핍된 자아를 감출 수 있다는 보상적 경험을 반복한다. 자신이 붙들고 있는 대화로 유능함과 편리함을 느낄지 모르지만, 중독 밖 세상을 제대로 맞서지도 못한다.

  우리 모두 냉동된 대화에 중독이 된 혼자만의 학습 상태에서 벗어나야 한다. 정서적 분주함을 느끼고 싶다면 혼자만 바라보는 영상이나 소리가 아니라 대면으로 만나는 누군가와 대면 대화가 필요하다. 편안하게 상대방과 나누는 대화 경험이 우리로 하여금 더 나은 사람처럼 느끼도록 돕지 않는가? 온전하게 자기배려와 자기변형을 꿈꾼다면 편안하게 대화할 수 있는 관계부터 찾아야 한다. 그만한 관계가 보이지 않는다면 누군가를 진심으로 도울 수 있는 자원봉사라도 시작해야 한다.

기업부터 학습 패러다임에서 벗어난다

학교뿐 아니라 기업도 조직의 역량을 강화한다는 명분으로 구성원 모두에게 표준화된 학습을 요구한다. 이처럼 투입되는 표준적인 입력값 대비 출력값을 계산하면서 인적자원의 역량을 관리하는 방식은 전형적인 '학습' 패러다임에서 나온 발상이다.

기업은 학습 패러다임으로 직원의 언어사용과 언어학습마저 참견한다. 개인마다 서로 다르게 말하는 방식이 있지만 집단의 구성원으로서 지켜야 하는 의사소통 규율이 제시된다. 말투뿐 아니라 말하면서 드러나는 표정, 동작, 감정, 태도까지 교정되며 이를 위한 교육 매뉴얼이 제작된다. 앞서 LG전자의 영어공용화 사례에서 살펴본 것처럼, 모든 직원은 표준화된 영어학습과 평가 활동에 참여해야만 하고, 통제적인 매뉴얼이 지정한 특정 수준의 영어능력을 일률적으로 요구받는다.

이처럼 학습 패러다임에 의존하게 되면 거기서 언어를 가르치고 배우고 사용하는 방식에 합리성의 원리가 과용된다. 즉 언어의 맥도날드화 과정을 거치게 된다. 조직 구성원은 모두 비슷하게 말하게 되며 고유하고도 협상적으로 말할 수 있는 의사소통 역량은 오히려 사라진다. 능동성과 다양성의 가치는 소멸하고 다수는 입을 다물게 되고 과도한 시험준비, 불필요한 언어교정, 서로에게 해악을 끼치는 감정노동에 동원된다. 언어로 회복될 수 있는 정서적 자원이 고갈되면서 많은 직원이 직무 이탈이나 이직의 충동을 느끼게 된다.

자기다움의 속성은 좀처럼 변하지 않는다. 익숙한 자신만의 언어도 쉽게 변하지 않는다. 표준화된 언어학습을 통해 직원의 말을 교정하고, 측정하고, 재교육한 것이 조직의 변화에 유의미한 영향력을 제공했을까? 긍정적인 성과를 보고한 사례를 좀처럼 찾아보기 힘들다. 게다가 요즘 시대엔 전체 구성원에게 표준화된 학습을 획일적으로 부과하기가 쉽지 않다. 그렇다면 학습 패러다임을 폐기하고 '성과' 패러다임을 고려할 필요도 있다.[55] 성과라는 말이 부정적인 의미를 함축하고 있지만 잘만 적용하면 학습 패러다임의 문제점을 보완할 수 있다.

이렇게 한번 생각해 보자. 조직 구성원에게 학습이 제공되면 각자의 능력이 개발되고 그로부터 조직은 유익한 결과를 구할 수 있을까? 이와 같은 논증에는 여러 전제가 숨어 있다. 학습은 긍정적으로 제공될 수 있고, 학습을 마치면 개인의 성장이 낙관적으로 기대되며, 개인과 조직의 역량은 잘 연결되어 있다. 이러한 전제에 관해 회의적인 관점을 갖긴 쉽지 않다. 우린 어릴 때부터 인풋 대비 아웃풋을 합리적으로 도출할 수 있는 학습 패러다임을 긍정적으로만 내면화시켰기 때문이다. 개인의 능력은 표준적인 평가로 점검되고, 학습으로 향상될 수 있으며, 조직과 집단과 국가에 유의미한 성과를 제공할 수 있다. 성과를 만드는 가장 분명한 방법은 학습이다. 학습은 언제나 좋은 것이다.

기업이 투입하는 언어 '학습' 역시 학습 패러다임으로부터 타당화된다. 그러나 직원들의 언어학습에 투자한 기업은 그로부터 얼마나 유익한 결과를 얻었을까? 언어학습의 인풋을 직원에게 투입해 주목할 만한 아웃풋을 도출시킨 사례가 학술문헌으로 발표된 적이 있었던가? 또한 기업이 학습시킨다는 '글로벌능력', '의사소통능력', '말하기능력', '대화능력'이란 것은 무엇일까? 참 모호한 개념이지만 학습의 책임자나 공급자는 관행대로 맥도날드화된 대화를 가르치고 표준화된 시험으로 관리할 뿐이다. 그게 과연 성과를 도출시킬 수 있는 유의미한 학습이 될 수 있을까?

그에 반해 성과 패러다임은 얼핏 듣기엔 경제적으로 환원이 가능한 물질이나 경쟁의 속성이 강조된 것만 같다. 학습 패러다임은 누구든 학습자라며 배려하는 것 같은데, 성과 패러다임은 업적만 강조하고 직원에게 부담을 주는 것 같다. 그렇지만 조금만 더 꼼꼼히 살펴보면 성과나 학습 패러다임은 모두 기업에 속한 직원의 입장에서 (성과로 직접 보여주든, 능력을 검증받으면서 성과와 연결하든) 별 차이가 없다.

LG전자는 영어공용화를 시작하면서 개인과 조직의 경쟁력을 확보하려고 토익이나 SEPT 말하기시험으로 구성원 모두의 언어학습에 개입했다. 학습 패러다임으로 모든 직원에게 요구된 교육내용과 평가방식이 유의미한 조직의 변화를 도출시킬 수 있었다면 영어공용화는 3년 만에 폐기되지 않았을 것이다.

만약 당시에 학습 패러다임이 아니라 성과 패러다임이 적용되었다면 어떤 결과가 나왔을까? 일단 모든 구성원에게 요구되었던 맥도날드화된 영어교육, 표준화된 평가활동, 영어만 사용해야 한다는 단일언어주의 제도에 일방적으로 힘이 실리지 않았을 것이다. 성과를 도출하는 데 더 전념해야만 했다면, 의미 협상적 대화든, 링구아 프랑카로서의 영어든, 트랜스링구얼 정체성이든, 무엇이든 유연하고도 협상적인 방식으로 수용되었을 것이다. 업무와 성과에 분명하게 연결되지도 않은 언어학습과 평가활동에 그토록 열심히 준비하고 참여할 필요도 없었을 것이다.

물론 성과 패러다임도 약점이 있다. 성과가 자주 점검되고 관리되지 않는다면 이기적이거나 나태한 개인이나 부서가 등장할 수 있다. 성과는커녕 무능한 조직문화가 만연할 수 있다. 그런 상황을 사전에 방지하려면 직원이 성과지향적인, 혹은 고객지향적인 행동을 선택하도록 유도해야 한다. 예를 들면 성과를 만들 때마다 인센티브를 제공해야 한다. 인센티브 제도를 싫어하는 구성원도 있겠지만, 조직을 관리하는 입장에서는 동등하게만 대우할 수 없다.

학교에서는 아직도 성과 패러다임을 도입하기 힘들다. 가르치고 배우는 것을 대상화하고 교육과 평가를 통해 학업성취도를 엄밀하게 점검하는 것이 학교에서 해오던 오랜 관행이기 때문이다. 학교(에서의 언어교육)는 좀처럼 변하지 못한다. 그러나 기업이 굳이 교실과 시험장으로 직원을 보내면서 표준과 규범, 인풋과 아웃풋의 학습 패러다임에 결박될 이유는 없다. 기업은 직무기술job description부터 다시 검토하면서 짧은 대화를 듣고 정답을 찾거나 서둘러 1분 남짓 말하게 요구하는 평가활동부터 폐기해야 한다. 그런 '학습'은 직원에게 온전한 학습동기도 제공하지 못하고 조직을 위한 역량에도 유의미한 보탬이 되지 않기 때문이다.

지속가능한
대화교육을 위하여

    냉동된 가공식품을 이용하면 신속하게 먹을 수 있지만 건강에 좋지 않다. 효율적으로 먹으려고 애쓸수록 오감으로 맛을 즐기는 만족감은 사라진다. 과식하거나 혼자서 식사하는 습관이 생길 수도 있다. 식사만을 위한 '효율적인 식사'의 문제점이다.

    먹는 것은 단지 생존을 위한 행위만이 아니다. 프랑스인의 '대화를 위한 식사'는 한가롭고도 낭비적인 문화로 보일 수 있지만, 2010년 유네스코는 '프랑스의 미식Le repas gastronomique des Français' 문화를 인류의 무형문화유산으로 지정했다. 레시피를 점검하고, 시장에서 제철 식재료를 구매하고, 와인을 고르며, 식탁을 꾸미고, 맛을 평가하면서 여유롭게 (두어 시간이 넘도록) 식사하면서 대화를 나눈다. 그렇게 미식을 행하는 의례가 문화유산으로까지 선정된 것이다.

분주하면서도 효율성을 지향하는 인생을 사는 사람이라면 식탁에 긴 시간을 투입하는 미식 문화를 이해할 수 없다. 맥도날드화된 삶의 양식에 우리 모두 전념한다면 프랑스식 미식 사랑은 보존될 수도 없을 것이다. 그렇지만 우리는 맥도날드와 같은 곳에서 햄버거만 먹고 살 수 있을까? 효율적으로만 소비되는 식사문화에서는 먹고 마시며 오감으로 만끽할 수 있는 포만감이나 유대감이 소멸할 수밖에 없다.

언어와 교육도 이제 '효율성'보다 '지속가능성'이나 '적정성'이 중요한 가치로 논의되어야 한다. 국제기구나 비영리단체는 '지속가능한 발전목표Sustainable Development Goals'를 위한 실행안에 언어 관련 항목도 반영시키고 있다. '적정기술Appropriate Technology'에 관한 문헌이 참조되면서 '적정언어교육Appropriate Language Pedagogy'에 관한 개념과 사례도 이미 등장했다. 다만 지속가능성과 적정성이 소외되고 낙후된 지역과 계층을 배려하기 위한 언어계획으로 기획된 편이다.[56] 우리와 같은 경제 부국, 디지털 강국, 사교육까지 넘치는 곳에서 '지속가능한 수준의 적정언어교육'을 하자는 제안은 어색하게 들린다.

그렇지만 초·중등 교육현장만 보더라도 지속할 수 없는 또는 적정 수준을 벗어난 사교육비 부담은 이미 다수 가정에 심각한 고민을 안겨주고 있다. 선행학습과 시험준비에 과도한 지출이 보고되는 한편 OECD가 주도하는 국제학업성취도평가^{PISA}에서 기초학력이 부족한 한국인 학생이 급증하고 있다. 학업 부진은 학생의 사회경제적 배경과 무관하게 나타나고 있기에 교육 분야의 지속가능성과 적정성은 이제 미개발국만의 고민이 아니다. 대화교육을 위해서 어학연수도 보내고, 영어마을도 만들고, 대화 로봇까지 개발하고, 화려한 멀티미디어 교재를 번갈아 사용한다. 그렇지만 사방에서 기초학력도 감당하지 못하는 '학습부진학생', '영포자(영어 포기자)' 등이 넘친다. 상위권과 하위권 학생의 교육격차가 계속 벌어지면서 양극화는 학교 안팎에서 불필요한 갈등과 대립 관계를 만든다.

대화교육도 동일한 문제를 직면하고 있다. 다수 학생이 대화할 기회와 권리를 만끽하지 못하고 표준화된 시험만 준비한다. 대부분 영어학습자는 중급 수준의 언어사용자도 되지 못하고 청년이 되기 전에 일찌감치 영어학습을 중단한다. 효율적인 프로그램으로 대화를 늘 공부했지만 결국 '대포자(대화 포기자)'가 된다. 대화로 의미를 협상하기도 싫고 차라리 입을 닫거나 혼자서 시험공부만 한다.

학교를 떠나 회사에 다닐 때도 상황이 크게 다르지 않다. 특히 서비스업종에 취업하면 거기서 대화의 형식이나 내용이 통제되는 성문화된 지침을 따라야 한다. 예를 들어 유명 프랜차이즈 레스토랑에서 직원이 고객과 나누는 대화는 정해진 매뉴얼에 따라 이뤄진 것이다. 웃음, 간단한 유머, 눈 맞추기, 고객의 이름 사용, 인사를 시작하고 종료하는 순서 등은 사전에 학습되어야 한다. 같은 회사에서 동일한 업무를 맡더라도 서로의 말은 다를 수밖에 없을 텐데 대화법은 천편일률적이다. 업무 대화는 고객으로부터도 평가를 받고 내부 관리자에 의해서도 수시로 점검되고 통제된다. 규범을 벗어난 대화가 발견된다면 지적과 수정이 뒤따른다. 개인이 발휘할 수 있는 대화의 자율성이 위축될 수밖에 없다.

학교나 직장에서 헤어스타일이나 옷차림에 대한 규제가 지나칠 때가 있었지만 요즘은 어디서나 개성이나 활동 편의성을 고려하여 복장과 외모에 자율적 조치가 허락되는 편이다. 대화도 동일한 공론화 과정이 필요하다. 대화(교육)는 통제되고 관리될 수만 없다. 이제 적정 수준만 지키고 웬만하면 다양성과 자율성의 가치가 존중되어야 한다. 이 책에서 여러 예시로 점검한 것과 같이 강아지도, 유치원의 아이도, 신입사원도, 이주민도 안전한 관계와 익숙한 맥락만 허락된다면 누구나 대화를 배울 수 있고 어디서든 감당할 수 있다. 우리의 삶이 풍성해지려면 대화가 대화답게 달라져야 하며, 그러기 위해서는 지속가능하고 적정한 수준의 대화부터 가르치고 배워야 한다.

우리 사회가 차이와 다양성의 가치를 수용하려면 (효율성의 언어교육을 경계하면서) 대화교육부터 지속가능성과 적정성 가치로 재편해야 한다. AI가 생성하는 대화는 지루하거나 지속가능할 수 없다. AI에게는 그만한 수준의 대화 업무만 맡기면 된다. 그리고 인간 화자끼리는 AI가 감당할 수 없는 평생 지속할 수 있으면서, 누구나 적정 수준으로 공유될 수 있는 대화가 넘쳐야만 한다.

다중언어사회 시대,
삶의 자원이 되는 대화

우리는 지금 어떤 언어사회에 살고 있는가? 사회적 다수가 '모어이면서도 공식어인 한국어'를 지배적으로 사용하는 곳이지만, 그렇다고 단일한 언어사회라고 단정하긴 망설여진다. 미디어에서 자주 보도된 대로, 국내 거주 외국인은 전체 인구의 약 5퍼센트를 차지하며 OECD 기준으로 (아시아 국가 중 최초로) 다인종 다문화 국가로도 인식되고 있다. 고령화와 이주라는 사회적 현상을 고려하면 외국인의 국내 유입은 더욱 증가할 것이다. 심지어 내국인의 제2언어사용 경험까지 고려하면 더 이상 우리나라를 한국어만 사용하는 모노링구얼 사회로 보긴 힘들다.

부산광역시는 2022년에 '글로벌 영어 상용도시'를 조성하기 위한 전략을 발표하고, 관련 부처와 업무 협약을 시작했다. 도시

표지판이나 공문서에 영어 정보를 늘리거나 병기하고, 영어를 능통하게 사용할 수 있는 공무원을 선발하며, 외국인학교나 글로벌 빌리지를 세우기로 계획했다. 인천광역시의 송도국제도시 역시 체류하는 외국인 비율이 2퍼센트에 불과하지만 '영어 통용도시'로 조성하겠다는 인천경제자유구역청의 계획이 2023년에 공지되었다. 영어를 상용어나 공용어로 사용하자는 사회적 논의는 지난 20여 년 동안 중단된 적이 없었지만, 관광특구, 무역특구, 글로벌 캠퍼스, 글로벌 기업 수준이 아니라 부산이나 송도 규모의 큰 도시에서 기획되고 있다는 점이 색다르다. 앞으로 사회를 주도하는 권력 집단이 누가 되든 다중언어사회를 유도하는 공간성이 다채롭게 기획될 것으로 전망된다.

자유와 다양성, 자본과 자원의 가치를 붙들고 있는 편에서는 다중언어경관을 허락하면서 다양한 영어가 통용될 수 있는 시장의 규모를 확대할 것이다. 그것을 경영 전략이나 정치적 기획일 뿐이라며 냉담하게 비판할 수만 없다. 언어를 고정성, 동질성, 단일성의 본질로 묶어두지 않을 것이라면 한국어가 아닌 또 다른 언어 역시 국내 사회에서 자원재나 공공재로 얼마든지 논의될 수 있다. 사회적 다수의 동의만 있다면 전대미문의 '탈단일언어사회'의 질서가 제도적으로 구축될 수도 있다.

그런 중에도 우리는 단일하고 공식적인 언어, 표준적인 언어 형태, 원어민과의 대화에만 집착하면서 우리 눈앞에 잔칫상처럼 펼쳐진 다중언어자원을 포용하거나 만끽하지 못하고 있다. 모노링구얼이라는 훈령에서 자유롭지 못한 채 맥도날드화된 대화에만 집착한다. 심지어 팬데믹까지 겪으며 고립과 고통을 경험한 우리는 대면 소통이 복원되었음에도 말 차례가 엄밀하게 정해진 사각형 화면의 줌^{zoom} 대화를 여전히 선호하고 있다.

유튜브 채널 〈피식대학〉의 '피식쇼' 콘텐츠를 보면 힘을 빼고 서로를 배려할 때 누구나 다중언어 기반의 대화에 즐겁게 참여할 수 있다는 것을 알게 된다. 세 명의 개그맨이 초대 손님과 함께 링구아 프랑카로서의 영어를 사용하고, 트랜스링구얼 대화의 모양을 유쾌하게 보여준다. 진행자 이용주는 3년 반 동안 호주에서 체류한 경험도 있고, 김민수는 영어와 한국어를 그럴듯하게 절반씩 사용하며, 정재형만 한국어를 주로 사용한다. 영어 토크쇼를 한다지만 모두 온전하게 (표준)영어만의 대화를 감당할 수 없으니, 그들은 협력하면서 서로의 말에 반응하고, 창조적으로 개입하고, 동작과 표정으로 소통하고, 맞장구나 비언어적 표현을 적극적으로 사용한다.

엉터리 영어, 혹은 막무가내 대화라고 깎아내리는 사람도 있을 것이다. 그러나 해당 콘텐츠는 백상예술대상에서 TV부문 예능 작품상을 수상했다. BTS나 할리우드 영화감독과 배우까지 초대 손님으로 나오며, 수백만 명이 구독하고 있다. 그들이 사용하는 링구아 프랑카로서의 영어, 트랜스링구얼만의 대화법을 섣불리 폄훼하지 말고 우리는 그렇게 협상적이고도 유희적으로 다중언어 대화에 만끽했던 적이 있는지 질문해야 한다. 우리는 영어로 소통하지만 한국어라는 언어자원을 차단하지 않는, 한국어를 지배적으로 사용하더라도 영어를 사용하는 화자를 배려하는, 말끔한(문법적인) 문장을 제대로 말하지 못하더라도 기호적이고 공간적인 자원을 적극적으로 활용하는 대화 주체였던가?

〈피식대학〉의 장면처럼 다중언어자원을 유쾌하게 동원하며 대화할 수 있다면 우리는 낯선 언어적 타자에 대해 개방적 태도 serendipity를 갖는 것이고, 아울러 이질적인 규범체계에도 불구하고 의사소통의 가능성을 모색하는 협력적인 태도 synergy를 배운 것이다.[57] 그런 개방과 협력의 태도는 다중언어사회의 코스모폴리탄 화자에게 요구되는 덕목이기도 하다.

후기

　그리스 신화에 '판도라의 상자 Pandora's box' 서사가 있다. 제우스가 대장장이의 신 헤파이스토스에게 여자 인간을 만들라고 지시하면서 판도라(pan 모든, dora 선물)로 불리는 여자 인간이 탄생한다. 제우스는 판도라의 탄생을 축하하며 상자 하나를 주면서 절대 열어보지 말라고 경고한다. 판도라는 제우스에 의해 프로메테우스의 동생 에피메테우스에게 보내진다. 에피메테우스는 판도라에게 반하고 둘은 결혼하고 행복하게 산다. 그렇지만 (제우스가 준 축복이면서도 저주인) 호기심 때문에 판도라 상자는 열리고 만다. 상자 안에는 분노, 욕심, 질투, 질병 등 모든 악의 근원이 담겨 있었고 상자가 열리면서 평화로웠던 세상은 불행으로 가득 차게 된다. 판도라는 깜짝 놀라 상자를 닫지만, 모든 악이 이미 세상에 퍼지고 만다. 다행히도 상자 안에 '희망'만은 남아 있다. 사람들은 상자에서 나온 해악으로 고통을 겪지만 남아 있는 희망을 기대하며 산다.

어떤 인생을 살아오든 문제와 위기를 만나지 않은 때가 있었던가? 판도라 상자가 열리지 않았다면 좋았을 터이다. 그럭저럭 버티며 시간만 흘러가길 바라던 때도 많았다. 우린 어떻게 고민과 고통을 감당하며 아슬아슬하게 버티는 삶을 감당할 수 있었을까? 냉담한 세상 한복판에서 어떻게 자유를 상상하고 사랑을 선택할 수 있었을까? 판도라 상자에 남겨진 희망처럼, 아마도 각자의 마음 상자에 간직된 소망으로 버티었을 것이다.

내게는 학교 안팎에서 가르치고 배우고 사용하는 '언어'와 '기호'가 그런 소망을 삶으로 체화시키는 재료가 된다. 눈에 보이고 귀에 들리는 삶의 자원이다. 우리는 매일 대화를 나누고, 서사를 전하며, 감정을 드러내고, 의견을 제시한다. 노래를 부르고, 춤을 추며, 염색을 하거나, 파마도 하고, 찢어진 청바지를 입어 보거나 커다란 귀걸이로 장식한다. 좋아하는 숲길을 걷고, 카푸치노를 즐겨 마시며, 웃고, 울고, 크게 호흡하면서, 회복하고 또 새롭게 기대한다. 그렇게 각자만의 언어와 기호로 소망의 삶을 살아간다.

나는 '언어'와 '기호'가 우리를 돕고 변화시킬 수 있다는 걸 알리고 싶어서 서사(스토리텔링), 담론(담화), 기호와 의미체계, 언어감수성에 관한 단행본을 출간하고 있다. 언어평가나 언어통치성 분야의 연구활동 역시 서둘러 재개하고 싶었지만 이번에는 대화에 관한 책 작업을 미룰 수 없었다. 대화교육, 대화 기반의 시험문화가 우리 삶에 끼치는 폐해가 너무나도 심각했기 때문이다. 대화, 대화기술, 대화로 구성되는 삶과 사회질서가 효율성의 원리로부터 편향적으로 왜곡되고 있다는 것부터 알려야 했다.

　대화의 가치를 '인간다움'의 관점에서 논술한 이 책이 관계의 고립과 상실을 겪은 분들에게 위로와 혜안을 주면 좋겠다. 아울러 이 책을 통해 여러 분야의 전문가, 경영자, 교육자, 연구자가 대화(교육)에 관한 새로운 통찰력을 구하기 바란다. 말과 대화에 관한 창발적이고도 탐색적인 상상력을 가지면 좋겠다. 챗GPT가 웬만한 건 모두 대답하는 세상이며 우리가 사는 곳이 과학기술 강국이란 사실에 괜히 시큰둥할 필요는 없다.
　다만 언어로 구성된 세상을 바꿀 수 있다는 기술주의가 맹신되는 만큼 대화의 힘, 인간다움의 가치가 사라지는 모순을 직시해야 한다. 정복될 수 없는, 아니 굳이 기계화될 필요도 없는 대화의 속성이 효율적으로만 통제되는 상황을 지켜볼 수만 없다. 이 책에서 나는 '대화다운 대화'의 소멸을 경계하고 의미협상적인 대화를 회복시킬 여러 방안을 제시했다. 이 책의 독자들이 말과 대화, 인간다움을 복원시킬 캠페인을 기획하고 참여하기를 당부한다. 대화의 소멸은 나와 너 그리고 우리의 소멸이기 때문이다.

책을 출간하자며 일찌감치 계약하고선 긴 시간 동안 원고를 기다려준 크레타 출판사에 감사를 전한다. 덕분에 대화(교육)에 관한 신념을 차분하게 정리할 수 있었다. 이 책에 담긴 서사와 논증은 학부와 대학원 수업에서 내가 학생들에게 가르친 내용이기도 하다. 대화, 서사, 담화, 기호에 관한 내 강의를 경청하고 함께 토론해 준 중앙대학교 영어영문학과 학생들에게 감사를 전한다. 강의실에서 배운 것이 혜안 가득한 각자만의 삶의 기술로 전환될 수 있기를 기대한다.

주

1 다음 연구문헌에서 가져온 논점이기도 하다. L.van Lier, "Reeling, writhing, drawling, stretching, and fainting in coils : oral proficiency interviews as conversation", *TESOL Quarterly* Vol.23 No.3, 1989, pp.489~508.

2 L.van Lier, 위의 문헌, p.497 참조.

3 자유롭게 말 차례를 교환하는 토크쇼는 여기서 언급한 일방적인 인터뷰식 대화와 다르다. 나눌 말이 사전에 기획되고 사후에 편집되곤 하지만 진행자와 게스트가 함께 대화의 내용을 협상하거나 즉흥적으로 보태는 모습이 화면에 자주 나타나기 때문이다. 예를 들면 엠마 왓슨(Emma Watson)이 출연하고 지미 팰런(Jimmy Fallon)이 진행하는 미국 NBC 〈더 투나잇 쇼 스타링 지미 팰런〉를 보라. 왓슨이 지미 팰런을 처음 만나 지미 키멀(Jimmy Kimmel)로 착각했다는 일화를 나눌 때 누구도 일방적으로 대화를 주도한다는 인상을 주지 않는다.

4 유튜브 채널 〈인생 녹음 중〉에서 '기준이 높은 아내' 편 대화를 참조했다. https://youtube.com/shorts/X4tK4-pu1p4?si=1wK54L6o BdMLMNxc

5 다음 책 챕터에서 가져온 대화문이다. H.Riggenbach, "Evaluating learner interactional skills : Conversation at the micro level" R.Young & A.W.He(Eds.), *Talking and testing : Discourse approaches to the assessment of oral proficiency*, John Benjamins Publishing, 1998, pp.59~62.

6 2021년 10월 9일에 강연한 다음 자료에서 일부 참조한 내용이다. 신동일, 〈언어자원 담론의 구성 : 맥도날드화, 디즈니화 사회를 넘어서〉 기조연설, 여주세종문화재단 한글날 국제학술대회, 2021.

7 다음 연구문헌에서 분석된 논술을 일부 참조했다. 신동일, 김종국, 〈대학입시에 등장한 영어 대화의 특성 연구 : 상호작용 담화 모형 관점에서〉, 《영어교육》 61권 4호, 2006, 277~296쪽.

8 다음 교재 134쪽에서 가져왔다. 홍민표, 《High School English》, 비상교육, 2015.

9 다음 단행본에 냉동 제품과도 같은 표준적 대화 양식이 시장의 탐욕, 합리성의 과장, 기술만능주의, 단일언어주의 관행으로부터 출현하게 된 배경과 예시가 설명되어 있다. 냉동된 대화를 녹일 수 있는 접촉언어, 생태언어, 도시언어, 횡단언어, 언어권리, 언어정체성, 언어자원에 관한 논점도 있다. 신동일, 《앵무새 살리기》, 박이정, 2020.

10 신동일, 위의 책(2020), 252~256쪽을 참조하며 논점을 재구성했다. 기타 논점은 2021년 여주세종문화재단 주최 한글날 국제학술대회에서 전한 맥도날드화와 디즈니화 사회에 관한 강연 내용 중 일부를 참조했다.

11 다음 문헌에서 구체적인 자료를 확인할 수 있다. 임희주, 김금선, 〈영어체험마을 학습모형에 대한 연구〉, 《현대영미어문학》 27권 3호, 2009, 225~246쪽.

12 신동일, 위의 책(2020) 5장 내용을 참조하고 책의 주제에 맞춰 논점을 재구성했다.

13 다음 연구논문을 참조하여 LG전자가 주도한 영어 공용화 관리전략을 본문에 정리했다. 오성호, 김보영, 〈글로벌 기업의 영어 공용화 정책을 통한 변화 관리 전략 : LG전자 디지털 가전 사업본부 사례를 중심으로〉, 《Korea Business Review》 제19권 제3호, 2015, 1~33쪽.

14 김경욱, 박영희, 이종호, 〈외식업체 종사원들의 감정노동이 직무소진과 이직의도에 미치는 영향 : 직무만족의 조절효과〉, 《한국조리학회

지》 제22권 제7호(통권 제82호), 2016, 158~172쪽.

15 채지윤, 〈은행산업 근로자의 감정노동 실태〉, 금융정책연구 보고서. 금융경제연구소, 2017.

16 김명희, 천성문, 〈은행원의 감정노동, 감정부조화, 심리적 소진 및 직무만족간의 구조적 관계분석〉, 《인문사회과학연구》 제21권 제3호, 2020, 291~320쪽.

17 더욱 자세한 논점을 읽고 싶다면 다음 문헌을 참조할 수 있다. 신동일, 〈ACTFL-SOPI 체제의 영어말하기평가 현장 적용 : 한국에서의 문제점과 현실적 대안〉, 《영어교육》 56권 2호, 2001, 309~312쪽. 신동일, 《나우 스토리텔링》, 넥서스, 2010. D.Shin, N.Kim, K.Kang, "Korean examinees perceptions of testing spoken English : A move toward proficiency", Studies on English Language and Literature Vol.36 No.2, pp.263~288.

18 다음 연구문헌에서 대화 일부를 가져왔다. 유아 대상의 미술교사 활동을 주로 다룬 문헌이지만 만 3세와 5세 원생의 대화전략을 이해하는 데 도움이 되었다. 최현미, 문무경, 〈유치원 미술교사의 활동지도 과정에 대한 질적 연구〉, 《아동교육학회지》 16권 2호, 2007, 185~199쪽.

19 다음 문헌에서 대화 일부를 가져왔다. 김성숙, 임부연, 〈상상적 이미지 중심의 내러티브 교육활동에서 나타나는 유아들의 학습경험에 관한 연구 : 상상적 이미지를 중심으로〉, 《한국영유아보육학》 68호, 2011, 83~106쪽.

20 다음 연구문헌에서 대화 일부를 가져왔다. 최은지, 〈영어유치원에 아동들의 사회적 상호작용 패턴 연구〉, 인하대교육대학원 석사학위논문, 한국교육학술정보원, 2009.

21 다음 연구문헌에 나온 한국인 교사의 면담자료를 참조하면 영어유치원

의 원아들이 원어민 교사와 친밀감이 부족한 정황을 쉽게 짐작할 수 있다. 안채윤, 〈'영어유치원'에 근무하는 한국인 유아교사의 역할과 갈등〉, 석사학위논문, 한국교육학술정보원. 2010. "생활하다 보면 아이들이 다투고 친구를 때리기도 하고 많은 문제가 발생하잖아요. 영어수업 시간에 이러한 일들이 생겨도 원어민 교사는 무조건 저만 찾아요. 생각해 보면 같은 반을 맡고 있는 교사인데 왜 이런 문제가 생기면 유아교사에게만 전임하는지 고민하면서도, 또 원어민 교사는 언어적인 문제도 있고 중재적인 역할을 수행하기 어렵기 때문에 그럴 수 있겠다고 생각해요. 아이들도 한국인 유아교사를 더 친근하게 느끼기도 하고요."

22 다음 연구문헌에서 대화 일부를 가져왔다. 최은지, 앞의 문헌, 2009.

23 다음 연구문헌에서 참조적 의사소통의 특성을 일부 정리했다. 신동일, 심우진, 〈참조적 의사소통의 관점에서 본 영어말하기 평가과업의 이해〉, 《현대영어교육》 16권 3호, 2015, 137~161쪽.

24 다음 연구문헌에 나온 논점을 일부 정리한 것이다. 신동일, 심우진, 위의 문헌, 2015.

25 대면 대화는 소리로 전달되기에 강세, 발음, 성조와 같은 음성적 특성이 다뤄질 수 있겠지만, 여기서는 구술 어휘나 문장의 형태, 문장과 문장의 연결방식에만 주목하기로 한다.

26 한국어보다 영어 대화에서 수집한 말 문법 연구문헌이 훨씬 많기 때문에 주로 영어 대화를 상정하고 세 범주로 소개했다. 말 문법의 특성은 어느 언어에서나 비슷하다. 여기서 소개한 구분법과 영어 대화 예시는 다음 문헌에서 보고된 내용 일부를 참고했다. 신동일, 강석주, 박진아, 〈영어 말하기시험의 과업별 구어문법 사용에 관한 연구〉, 《영어교육연구》 21권 1호, 2009, 323~341쪽. 김종국, 신동일, 강석주, 박진아, 〈개정중등영어교과서의 구어특성 연구〉, 《영어학》 9권 1호, 2009,

83~111쪽.

27 다음 연구문헌의 논점을 참조했다. 김주연, 심우진, 박수현, 신동일, 〈한국어교재 대화문의 구어문법 분석〉,《학습자중심교과교육연구》21권 24호, 2021, 953~967쪽.

28 다음 연구문헌의 논점을 일부 가져온 것이다. 김종국, 신동일, 강석주, 박진아, 위의 문헌, 2009.

29 시제는 시간을 나타내는 문법적 표지이지만, 상은 진행이나 완료를 나타낸다. 실제 대화 자료를 수집해 보면 영어 화자 역시 시제를 섞어서 사용하지 않는 편이다. 완료형의 동사 형태도 거의 발견되지 않는다.

30 역시 다음 연구문헌에서 논점을 일부 가져온 것이다. 김종국, 신동일, 강석주, 박진아, 위의 문헌, 2009.

31 트랜스링구얼에 관한 보다 자세한 내용은 다음 단행본 2장을 참조할 수 있다. 신동일, 박수현, 김가현, 조은혜, 심우진,《접촉의 언어학》, 커뮤니케이션북스, 2017. 쉽게 쓰인 인문교양서로는 다음 단행본을 참조할 수 있다. 신동일,《앵무새 살리기》, 박이정, 2020.

32 조앤 마이어스-레비 교수의 이와 같은 논점은 국내 미디어와 학자군에 의해서 자주 인용되었다. 관련 기사와 연구문헌은 '마이어스-레비' 이름으로 쉽게 검색된다.

33 앙리 르페브르, 양영란 옮김,《공간의 생산》, 에코리브르, 2011. 원저는 1974년에 출간되었다(프랑스어 제목 La Production De L'espace, 영어 제목 The production of space).

34 인간, 언어, 인지 기반의 활동에 국한되지 않은 (사물이나 공간의) 행위자 연결망 이론은 이 책에서 다루는 범위를 넘어선다. 인간의 두뇌활동을 중심에 두지 않거나 언어와 인지를 공간적으로 분산된 속성으로

보는 포스트휴머니즘 기반의 언어습득론은 추후 저술에서 구체적으로 다뤄볼 계획이다.

35 공간적 자원, 언어사용의 횡단성 개념은 다음 학술문헌을 참고한 것이다. S.Canagarajah, "Translingual practice as spacial repertoires: Expanding the padadigm beyond structuralist orientations", *Applied Linguistics* Vol.39 No.1, 2017, pp.31~54.

36 우리는 시간과 공간을 분리해서 말하는 경우가 많지만, 사실 시간과 공간은 내적인 연관성을 갖는다. 우리가 3차원에 살기 때문에 시간 혹은 공간만 따로 존재하는 경우는 없다. 러시아의 사상가인 미하일 바흐친(Mikhail Bakhtin)이 말한 시간(chronos)과 공간(topos)이 결합된 크로노토프(Chronotope, 시공간성)의 개념이기도 하다.

37 위에서 언급한 수레시 카나가라자(Suresh Canagarajah) 교수의 학술문헌 중 37~42쪽에 나온 '아상블라주' 개념을 참조하면서 쉬운 예시를 찾고 부연했다.

38 위에서 언급한 수레시 카나가라자 교수의 학술문헌 중 6~48쪽에 나온 '재현성'과 '수행성' 개념을 참고하면서 쉬운 예시를 찾고 부연했다.

39 위에서 언급한 수레시 카나가라자 교수의 학술문헌 중 8~51쪽에 나온 '능력'과 '배치' 개념을 참고하면서 쉬운 예시를 찾고 부연했다.

40 '능력'이 전통적인 언어습득론에서 강조되는 심리학적 개념이라면, '배치'는 신체, 사물, 상호작용적인 환경까지 모두 연결시킨 물리적이고도 사회문화적인 개념이다. 어디에 무언가를 배치하며 능숙해질 수 있는 기술은 주체가 직면하는 맥락마다 가변적이고 임시방편적일 수 있다는 인상을 준다.

41 '링구아 프랑카'라는 말은 이탈리아어에서 유래되며 보통명사로 공통어(langue commune)라는 의미를 지닌다. 15세기부터 19세기까지 지중

해 연안에서 통용되던 언어를 '링구아 프랑카'라고 불렀지만, 지금은 서로 다른 모어를 가진 화자들이 매개로 사용하는 접촉언어로 알려져 있다. 한국어가 될 수도 있고 프랑스어나 스페인어가 될 수도 있지만, 지금 시대의 접촉언어는 단연 영어다. '표준영어(SE, Standard English)' 혹은 '국제영어(IE, International English)'는 BANA(British-Australian-North-American, 영국-호주-북미 지역) 원어민 영어인 셈이다. '세계영어(WE, World Englishes)'는 영국의 식민 지배를 받았던 지역(예를 들어 인도, 나이지리아, 홍콩, 싱가포르)에서 토착화된 영어를 지칭한다. 이와는 달리 '링구아 프랑카로서의 영어(ELF, English as Lingua Franca)'는 비원어민이라고 일컬어지는 화자들끼리 사용되고 있다. 한국어를 모어로 사용하는 한국인은 원어민과 영어 대화를 나누면 비원어민으로 위치되지만, 관광, 무역, 학술 교류 등을 목적으로 다른 비원어민과 영어를 사용하면 ELF 사용자가 된다.

42 tvN 유튜브 채널에서 해당 대화를 볼 수 있다. https://www.youtube.com/watch?v=XW3vpqSOSAE

43 다음 단행본 1장에 보다 구체적인 예시나 설명이 있다. 신동일, 박수현, 김가현, 조은혜, 심우진, 《접촉의 언어학》, 커뮤니케이션북스, 2017.

44 대학에서는 영어만의 정책, 고부담 영어시험의 수험자를 양산하는 정책을 중단하지 않고 있다. 예를 들면, 20년 넘게 구체적인 연구자료나 분명한 논거도 없이 영어졸업인증제를 실행한다. 영어능력인증이 졸업을 위한 필수 요건으로 채택되었지만, 편의적으로 인증제도를 관리하기 위해 토익 성적을 모든 학생이 제출하게 했다. 내가 속한 대학만 하더라도 '학칙 9-33 졸업인증제 시행세칙'을 참고하면 2000년부터 신입생, 2002년부터 일반 편입학생에게 영어능력 인증기준을 거쳐야만 졸업할 수 있는 학칙을 부과했다. 전공 불문하고 모든 학생에게 토

익 점수를 제출하게 하면서 문과대학을 포함한 다수 학과에서 600점, 영어영문학과의 경우 750점, 국제화와 밀접하게 연계되었다는 이유로 글로벌금융학과는 무려 900점 이상 점수가 요구되었다. 당시 문서를 보면 해당 점수로 설정된 논거나 관련 연구자료도 제시되지 않았다. 기업도 크게 다르지 않다. 직원 선발부터 임원 승진까지 토익이나 영어말하기 시험이 사용되었다. 1994년만 해도 전국의 토익 응시생이 20만 명이었지만 2008년에 이미 200만 명을 넘었다.

45 '영어열풍' 시대의 희생양은 넘치는 시험과 인증제도에 대비하며 사교육까지 받으며 공부해야만 했던 학생들, 혹은 빠듯한 살림에 자녀 교육비를 감당해야만 했던 학부모였다. 이미 2000년에 사교육 시장이 4조 원 규모라는 보도가 나왔고 2002년에 해외 어학연수 등에 투입되는 금액만 1조 원이었다. 2002년 1월 27일에 방영된 KBS 심층보도 프로그램 〈취재파일 4321〉 '영어교육 그 허와 실-점수 따로 실력 따로' 편에서 구체적으로 언급된 내용이다. 2006년에 영어 사교육비에 투입되는 돈만 10조 원 규모였고 당시 정부의 교육 예산이 20조 원이었다. 통계청의 2010년 사교육비 조사보고서에 따르면, 2010년 전체 사교육비 중에서 영어에 투입되는 금액이 30퍼센트에 해당되었으니, 아마도 김영삼 정부가 세계화 국정을 선언하고 김대중 정부가 신자유주의 교육정책의 기틀을 마련한 후에 노무현-이명박 정부 때 '영어열풍' 담론이 정점에 도달한 듯하다. 박근혜 정부가 들어서면서 NEAT(국가영어능력평가시험) 폐지, 수능 영어시험의 절대평가 전환 등으로 영어 열풍은 소강 국면을 맞는다.

46 예를 들면 2016년 5월 31일 《한겨레》의 〈돈만 먹고 문닫는 '경기 영어마을'〉 제목의 기사에서 언급된 것처럼 파주영어마을만 보더라도 2008년부터 총 219억 원의 누적 적자를 기록했다. 영어마을 사업이 개시될 때만 해도 경기도 담당 공무원들은 영어를 제2의 공용어로 검토하자고 목소리를 높였는데 결국 10년 앞도 내다보지 못한 졸속

정책이 되었다. 여러 설문조사를 통해 '영어열풍'에 관한 부정적인 여론이 팽배했을 때도 정책을 주도하는 집단과 전문가 집단은 그런 의식이 안타깝다며 혀를 차곤 했다.

47 이후에 출생아 수는 계속 감소하면서 2023년 출산율은 0.72명이 되었다. 다문화 가정 역시 출생아 수가 감소했지만 전체적인 감소 폭보다 상대적으로 작았다.

48 《매일경제》 의뢰로 현대경제연구원이 조사한 15여 년 전 〈다문화 시대의 경제적 영향 연구〉 보고서만 봐도 다문화 사회로 진입한 한국은 외국인 노동인력이 생산과 소비 양쪽에서 커다란 활력을 만들 것으로 기대되었다. 당시 예상만으로도 외국인 노동인력이 1명씩 늘어날 때마다 생산증대 효과가 연간 1030만 원, 소비증가는 510만 원까지 도달할 것으로 전망되었다. 2010년에 58만 명, 2020년 100만 명, 2050년 150만 명이 넘는 외국인 취업자가 국내에 취업할 것으로 전망되었다. 팬데믹 사태로 주춤했지만 그와 같은 예상은 크게 벗어나지 않고 있다.

49 나는 여기서 '바이링구얼'과 '멀티링구얼' 용어를 상호교차적으로 사용할 것이다. 두 가지 언어에 능통하면 바이링구얼이고, 세 가지 언어 이상에 능통해야 멀티링구얼이 아니다. 두 가지 언어에 능통해도 멀티링구얼이며 모든 멀티링구얼은 바이링구얼이다. 또한 학계에서는 앞서 설명한 '트랜스링구얼'과 '멀티링구얼'을 구분해서 사용하는 편이지만 여기서는 모든 트랜스링구얼은 멀티링구얼이며, 멀티링구얼은 트랜스링구얼의 대화전략을 가지고 있다고 쉽게 설명할 것이다. 트랜스링구얼 연구문헌을 보면 전통적인 바이링구얼이나 멀티링구얼 개념이 공간적 자원을 횡단하는 트랜스링구얼의 개방적인 정체성, 유동적인 의사소통 전략과 어긋난다고 언급된다. 멀티링구얼은 여전히 언어들 사이가 분리된 모노링구얼 속성과 다를 바 없다는 것이다. 일

리가 있는 지적이지만 이 책에서 다루고 있는 대화의 속성에서 벗어난 논점이라서 여기서는 자세히 구분하지 않기로 한다.

50 분류의 출처는 다음 문헌에서 선택적으로 가져왔다. L.Wei(Ed.), *The bilingualism reader*, Routledge, 2000.

51 다음 연구문헌이 쟁점을 이해하는 데 도움을 줄 것이다. 신유진, 이정빈, 이요안, 〈대화형 챗봇과의 대화에서 나타나는 수정과정과 한계 : 빅스비 대화와 WoZ(Wizard of Oz)의 대화분석〉, 《한국HCI학회 논문지》 Vol.29 No.1, 2024, 5~16쪽. 송문선, 〈빅데이터를 이용한 독거노인 돌봄 AI 대화형 말동무 아가야(AGAYA) 로봇 시스템에 관한 연구〉, 《한국콘텐츠학회논문지》 제22권 제5호, 2022, 305~318쪽. 안성희, 〈대화형 AI 시스템과 비목적성 소통의 사용자 감성경험연구〉, 《조형미디어학》 제24권 제2호, 2021, 127~138쪽. 김태영, 유영재, 박재문, 장병탁, 〈인간-로봇간의 자연스러운 대화를 위한 비동기적 프롬프트 탐지〉, 한국정보과학회 2023 한국소프트웨어종합학술대회 논문집, 2023, 1541~1543쪽.

52 비판적 언어감수성 교육에 관한 보다 자세한 논점을 읽고 싶다면 다음 문헌을 추천한다. 신동일, 《미학적 삶을 위한 언어감수성 수업》, 필로소픽, 2023. 신동일, 《버티는 힘, 언어의 힘》, 필로소픽, 2024.

53 미시/텍스트와 거시/콘텍스트, 혹은 개인의 능동성과 사회구조의 변증법적 관계성을 이해하려면 다음 문헌을 추천한다. 쉽고 자세한 여러 예시가 나열되어 있다. 신동일, 《담론의 이해》, 책세상, 2022.

54 요한복음 15장 5절에 나오는 구절이다.

55 인적자원개발 분야에서도 대립하고 있는 '학습' 패러다임과 '성과' 패러다임은 서로 구별된 가치를 추구한다. 조직 구성원의 학습능력이 개발된다는 것은 바람직한 가치이긴 하지만 이 책에서 내내 다뤄진

것처럼 국내 언어학습의 경우 맥도날드화라는 시대 풍조에 지나치게 지배되어 있다. 획일적으로 투입되는 언어/학습이 과연 구성원을 변화시키고 기업 목표에 도달시킬지 의문이다. 언어학습에 관해서 관련 문헌은 찾기 어렵지만 '학습' 패러다임과 '성과' 패러다임에 관한 논평과 비교는 인터넷 문서나 학술문헌으로 쉽게 검색된다. 다음 단행본 146~151쪽, '기업의 학습 패러다임과 성과 패러다임' 내용이 참조될 수도 있다. 신동일,《앵무새 살리기》, 박이정, 2020.

56 다음 단행본 329~349쪽이나 관련 연구논문에 지속가능성과 적정성 기반의 교육이 부연되어 있다. 신동일,《앵무새 살리기》, 박이정, 2020. 신동일, 서예진.〈지속가능발전과 적정교육을 위한 생태주의 언어교육의 탐색〉,《다문화와 평화》제11권 제2호, 2017, 59~82쪽.

57 좀 더 자세한 논점은 다음 단행본 41쪽을 참조할 수 있다. S.Canagarajah, *Translingual practice : Global Englishes and cosmopolitan relations*, Routledge, 2013.

색인

개념과 상황

객체 지향성 • 208
고객(창구) 응대 표준 매뉴얼 • 100
공간의 생산 • 201
공간적 전환 • 202
구글 웹 인터페이스 • 201
국가영어능력평가시험(NEAT) • 152
글로벌 영어 상용도시 • 317
노래방의 공간성 • 210
다인종-다문화 국가 • 263
다중언어적 전환 • 262
달리기 모임 • 300
대충 지나가기 전략 • 254
대포자(대화 포기자) • 314
대학수학능력시험 영어 • 63
대화형 AI • 280
로봇 튜터 • 284
법정의 의사소통 • 140
보이스피싱 • 146
비판적 언어감수성 • 298
사회적 인프라 • 297

상호이해성 • 257
성과 패러다임 • 308
신입사원 교육 • 145
아프리카 봉사활동 • 164
어머니와 나누는 대화 • 300
언어능숙도 운동 • 20
영어 공교육 강화방안 • 284
영어열풍 • 261
영어 통용도시 • 318
영포자(영어 포기자) • 314
오픽 • 81, 150
원어민의 표준영어 • 215
유아·아동교육 • 141
입력-저장-출력 언어습득 모형 • 204
전미외국어교육협의체(ACTFL) • 20, 111
적정기술 • 313
접촉지대 • 196
정상으로 돌려놓기 전략 • 254
주체의 전이 • 295
지속가능한 발전목표 • 313
집들이 음식 준비 • 220

초대형 언어모델(LLM) • 280
축구 선수의 배치적 자원 • 225
침실이라는 문화공간 • 203
태피스트리 작품 • 222
토익 • 74, 148
트런케이티드 멀티링구얼 • 213
특수교육 현장 • 141
편평한 존재론 • 208
프랑스의 미식 문화 • 312
학습 패러다임 • 307
학업성취도 영어시험 • 59
합리성의 비합리성 • 71
해외에 거주하는 한국인 가정 • 198

책, 영화, 기타 콘텐츠

가디언즈 오브 갤럭시 • 45
갈릴레오 : 깨어난 우주 • 243
국경없는 포차 • 258
굿모닝 아메리카 • 187
김씨네 편의점 • 274
나는 솔로 • 27
나의 외사친 • 232
대한외국인 • 232

더 투나잇 쇼 스타링 지미 팰런 • 185
러브 액츄얼리 • 192
릴로 & 스티치 • 190
무한도전 • 42
미녀들의 수다 • 231
미스터 션샤인 • 190
바벨 250 • 233, 235
바이센테니얼 맨 • 51
보더로운생활 • 49
복면가왕 • 210
뽀롱뽀롱 뽀로로 • 124
비정상회담 • 231
비포 선라이즈 • 43
삼시세끼 • 201
서울대 한국어교육 3급 교재 • 169
성경 • 104, 304
시라노; 연애조작단 • 226
스니커즈 초코바 광고 • 226
스팽글리쉬 • 274
슬기로운 의사생활 • 140, 143
아이돌 텐, NCT, SuperM, WayV • 207
어린 왕자 • 156
영국남자 • 188
윤식당 • 258

이상한 나라의 앨리스 •17

이티(E.T.) •136

일본인 다나카 •205

종이의 집 •190

코미디 빅리그 •188

터미널 •40

포켓몬스터 •125

프렌즈 •40

피식대학 •319

환승연애 •27

히마와리 하우스 •272

힙합 •191, 209

모두를 위한 대화감수성 수업

제1판 1쇄 인쇄 2025년 4월 17일
제1판 1쇄 발행 2025년 4월 24일

지은이 신동일
펴낸이 나영광
책임편집 김영미
편집 정고은, 오수진
영업기획 박미애
디자인 강수진

펴낸곳 크레타
출판등록 제2020-000064호
주소 경기도 고양시 덕양구 청초로 66 덕은리버워크 B동 1405호
전자우편 creta0521@naver.com
전화 02-338-1849
팩스 02-6280-1849
블로그 blog.naver.com/creta0521
인스타그램 @creta0521

ISBN 979-11-92742-47-2 (03700)

책값은 뒤표지에 있습니다.
잘못 만들어진 책은 구입하신 서점에서 바꿔드립니다.